MARGUERITE DE NAVARRE

A mon frère Antoine Cerati
qui a suivi avec un profond intérêt
l'évolution de cet ouvrage.

DU MÊME AUTEUR

Le club des citoyennes républicaines révolutionnaires.
Éditions sociales. 1966.

Collaboration à un ouvrage collectif : « Les femmes et le travail du Moyen Age à nos jours ».
Période traitée : « De la Renaissance à la Révolution ».
Éditions de la Courtille. 1975.

Présentation et adaptation d'un ouvrage anonyme paru en 1868, intitulé :
« Mémoires d'un agent de police ».
Titre adopté : « Dans l'ombre de la Révolution ».
Collection : Reporters du passé. Gallimard. 1976.

Présentation et adaptation d'un ouvrage paru en 1846 sous le titre :
« Mémoires d'une actrice », dû à Louis Fusil.
Titre adopté : « J'étais à la Bérézina ».
Collection : Reporters du passé. Gallimard. 1977.

Collaboration à un ouvrage collectif : « Femmes extraordinaires ».
Sujet traité : Elisa Lemonnier.
Éditions de la Courtille. 1979.

Marie CERATI

MARGUERITE DE NAVARRE

Éditions du Sorbier
51, Rue Barrault – 75013 Paris

Introduction

En 1949, sous le patronage de la Direction générale des Arts et Lettres de la Société des gens de Lettres de France, fut commémoré à Pau le 4ᵉ centenaire de la mort de la reine Marguerite de Navarre.

Avec quelle ferveur fut évoquée cette princesse de légende qui garde à travers les âges sont inaltérable fraîcheur ! Et un vœu fut exprimé : que soit gravé sur sa tombe à Lescar le pieux distique écrit par Ronsard après la mort de Marguerite :

« Ici, la Reine sommeille,
Des Reines la non-pareille,
Qui si doucement chanta.
C'est la Reine Marguerite,
La plus belle fleur d'élite
Qu'oncques l'Aurore enfanta ».

Tout d'abord, il convient de dissiper une confusion trop répandue entre cette Marguerite « Des Reines la non-pareille », et sa propre petite-nièce Marguerite de Valois, reine de Navarre par son mariage avec le futur Henri IV, cette volage « Reine Margot » popularisée par un célèbre roman d'Alexandre Dumas.

Celle dont il s'agit ici est la sœur aînée de François d'Angoulême, le futur roi qui régnera sous le nom de François Ier. Un heureux euphémisme la présente « belle à

7

larges traits ». Il serait plus exact de préciser que son regard lumineux d'intelligence et son doux sourire empreint de bonté lui donnent un grand charme.

Ce n'est donc pas par la beauté qu'elle brille en cette éblouissante Cour des Valois, mais par des qualités exceptionnelles qui lui assurent une place de choix dans cette société bouillonnante de la première moitié du xvie siècle.

Ce qui frappe d'abord, c'est son immense tendresse fraternelle qui ne faiblira jamais quelle que soit l'attitude capricieuse du roi. Son dévouement sans limites est acquis à jamais à ce frère pour qui « elle est prête à jeter au vent la cendre de ses os ». Avec un égal esprit de sacrifice, sans crainte de la contagion, elle soignera sa mère Louise de Savoie atteinte de la peste et la veillera jusqu'à la dernière heure.

Son exquise bonté rayonne au-delà de ses proches. Amis, sujets, solliciteurs inconnus, tous, sont assurés de trouver chez elle un accueil bienveillant et la plus compréhensive attention.

Et quels trésors de volonté et de courage chez cette femme dont la santé est souvent précaire ! De volonté, pour braver fatigues et dangers quand elle court rejoindre à Madrid son frère miné par la fièvre dans la geôle sordide où est retenu le vaincu de Pavie. De courage, quand elle ose affronter Charles-Quint, le redoutable maître de tant de territoires, lors d'une entrevue à Tolède. Avec quelle véhémente indignation elle lui reproche son attitude si peu chevaleresque envers son illustre captif ! Est-ce bien la tendre, la douce, l'aimable Marguerite qui s'emporte jusqu'à menacer de représailles le tout-puissant empereur qui demeure surpris et embarrassé ?

Cette volonté et ce courage ne cesseront de s'affirmer pour la défense de ses amis, poètes, érudits, humanistes, évangélistes, trop souvent menacés par une arrogante Sorbonne (Faculté de théologie) qui veille jalousement sur ses prérogatives. Elle-même sera gravement menacée malgré sa qualité de sœur du roi. Dans ces moments difficiles, Marguerite aura la sagesse de s'éloigner de la Cour pour rejoindre ses Etats de Navarre.

Il faut dire que, très cultivée, d'esprit ouvert et enthousiaste, elle s'est jetée de toute son âme dans les nouvelles doctrines religieuses inspirées par son ami, le mystique évêque de Meaux, Guillaume Briçonnet. Elle restera toujours fidèle à cet idéal évangéliste d'une Eglise revenue à sa pureté primitive.

Ecrivain, elle a laissé une œuvre poétique pleine de charme et d'une émotion parfois poignante, qui introduit le lyrisme et le mysticisme dans notre littérature. Son souci aigu de la dignité de la femme lui assigne une place naturelle dans la « Querelle des femmes » qu'elle inspire surtout les dernières années de sa vie. C'est l'époque où, par son influence, se répand le platonisme qui enrichit l'amour courtois médiéval, adoration fervente de la femme par un idéal de pureté élevant l'homme « de la terre jusqu'au ciel ».

La reine de Navarre se révèle novatrice encore dans son « Heptaméron » recueil de nouvelles d'où se dégage un enseignement de haute portée par les discussions qui suivent chaque récit.

Un domaine tout différent révèle d'autres talents de Marguerite. Son esprit réfléchi lui permet d'administrer avec sagesse et parfaite équité ses domaines dans lesquels les jours s'écoulent paisibles dans sa petite Cour de lettrés et de savants. On y voit aussi arriver des malheureux échappés des cachots et des flammes, à qui elle assure sécurité, honneur et amitié.

Jamais ses malheurs privés n'altérèrent son humeur égale, et pourtant cette princesse d'une sensibilité vibrante connut de nombreux deuils très proches et bien des souffrances qui la marquèrent fortement mais qu'elle assuma avec la plus grande dignité.

Telle fut cette reine « née pour aimer et pour se dévouer ». Clément Marot qui lui doit tant la définit
« Corps féminin, cœur d'homme, tête d'ange ».

9

Rabelais lui dédie son « Tiers Livre » et salue son
                    « Esprit abstrait, ravi et extatic ».
Quant à Michelet, il l'exalte en ce langage de flamme qui lui
est propre et il voit en cette « Mère de la Renaissance » le « pur
élixir des Valois ».

Nous ne saurions mieux achever ces pages qu'en citant un
texte d'Anatole France. Monsieur Bergeret, professeur libéral,
entretient deux de ses amis d'un article qui enchante ses
sympathies dreyfusardes, car nous sommes en pleine affaire
Dreyfus. Tous trois sont assis au pied de la statue de
Marguerite de Navarre dans le jardin du Luxembourg.

« Messieurs, dit-il,... puisque le hasard le veut, je vous ferai
volontiers cette lecture devant cette aimable femme qui goûtait
la bonne doctrine et estimait les hommes de cœur et qui, pour
s'être montrée docte, sincère, tolérante et pitoyable, et pour
avoir tenté d'arracher les victimes aux bourreaux, ameuta
contre elle toute la moinerie et fit aboyer tous les sorbonnagres.
Ils dressèrent à l'insulter les polissons du collège de Navarre et,
si elle n'eût été la sœur du roi de France, ils l'eussent cousue
dans un sac et jetée en Seine. Elle avait une âme douce,
profonde et riante. Je ne sais si, vivante, elle eut cet air de
malice et de coquetterie qu'on lui voit dans ce marbre d'un
sculpteur peu connu... Je croirais plutôt que son sourire était
souvent voilé de tristesse, et qu'un pli douloureux tirait ses
lèvres quand elle a dit : « J'ai porté plus que mon faix de l'ennui
commun à toute créature bien née ». Elle ne fut point heureuse
dans son existence privée et elle vit autour d'elle les méchants
triompher aux applaudissements des ignorants et des lâches.
Je crois qu'elle aurait écouté avec sympathie ce que je vais lire,
quand ses oreilles n'étaient pas de marbre ».

C'est sur cet hommage ému que nous laisserons, droite sur
la terrasse du Luxembourg, la reine de Navarre, tantôt drapée
d'une splendeur de neige, tantôt étincelante d'or sous l'éclat du
soleil ou encore toute rose au lumineux déclin du jour.

Chapitre premier

Marguerite d'Angoulême, de sa naissance à l'avènement de son frère François Ier. Quel destin l'attend ? : monotonie d'une obscure province ou éclat d'une Cour fastueuse ? Vingt ans de suspense...

... Le XI avril 1492, Louise de Savoie, épouse du comte Charles d'Angoulême mettait au monde une petite fille qui fut prénommée Marguerite. La naissance de cette première-née fut bien accueillie, certes, mais ne suscita pas la joie triomphante qui saluera deux ans plus tard la naissance d'un fils. Dans le journal où, par la suite, la jeune mère notera ses émotions, elle écrit, ivre d'orgueil : « François, par la grâce de Dieu, roi de France et mon César pacifique, prit la première expérience de vie mondaine à Cognac, environ dix heures après-midi 1494, le douzième jour de septembre... » La sœur aînée n'avait eu droit qu'à une brève mention.

Quelques précisions sur cette famille éclaireront la prédilection de l'ambitieuse comtesse pour son « César ».

Le comte Charles d'Angoulême est d'illustre naissance : descendant direct de Charles V, il se trouve petit-cousin du roi Charles VIII et cousin germain du duc d'Orléans (futur Louis XII). Mais il avait commis l'erreur de prendre part jadis à la « guerre folle » contre la régente Anne de Beaujeu, et malgré sa soumission, il vivait à l'écart de la Cour, en semi-disgrâce.

Louise, son épouse, était issue de la maison souveraine de Savoie, mais fille d'un cadet : Philippe de Bresse, appelé dédaigneusement : « le comte sans terres », que sa vie aventureuse n'avait guère enrichi. Veuf de bonne heure, il avait confié sa fille, la petite Louise, à sa tante par alliance : Anne de France mariée au sire de Beaujeu, propre frère de Marguerite de Bourbon, mère de la petite orpheline. Détail piquant : nièce d'Anne par sa mère, cette enfant est aussi sa cousine germaine par son père dont la sœur Charlotte de Savoie, épouse de Louis XI, a donné le jour à trois enfants : Anne (future dame de Beaujeu), Jeanne, et Charles qui régnera sous le nom de Charles VIII.

Elle n'oubliera jamais son enfance de parente pauvre et notera dans sa chronique familiale : « Humilité m'a tenu compagnie, et patience ne m'a jamais abandonnée ». Chaque année, Anne de Beaujeu « Madame la Grande » lui accorde quatre-vingts livres qui lui permettent de s'offrir une robe de satin cramoisi.

Et on la marie à douze ans au comte d'Angoulême proche de la trentaine que cette alliance déçoit car la fiancée est faiblement dotée. Mais il lui faut s'incliner... et le mariage a lieu. Ce n'est pas que le nouvel époux soit cupide ou avaricieux, mais il a épuisé son patrimoine pour régler les dettes que lui a léguées son père le prince Jean d'Angoulême, une des personnalités les plus étranges du temps.

Né au début du XVe siècle, Jean d'Angoulême était le fils du duc d'Orléans, assassiné à Paris sous le règne de son frère

Charles VI le fol et avait pour mère Valentine Visconti, dont l'héritage milanais si convoité entraînera les rois de France dans les chimériques guerres d'Italie si funestes pour la France. A peine âgé de neuf ans, il est emmené en Angleterre où l'attend une captivité très longue : trente-deux ans ! Son frère aîné, le délicat poète Charles d'Orléans, l'avait livré en caution d'une somme de 150 000 écus qui lui restaient à verser aux Anglais pour soudoyer leur armée. Charles pensait s'acquitter bientôt, mais le destin en décida autrement : prisonnier lui-même à la bataille d'Azincourt, il ne fut libéré que vingt-sept ans plus tard, Charles VII ayant réglé sa rançon.

Le jeune Jean d'Angoulême vivait religieusement dans sa geôle ; il faisait l'admiration de tous par sa douceur et sa résignation. Sa renommée s'étendit à tel point que lorsque le pape Eugène IV fut déposé, une ambassade du concile le sollicita pour la tiare, mais il refusa cet honneur en toute modestie.

Sa simplicité n'en fut pas altérée ; il continuait sa vie studieuse, s'intéressant surtout aux œuvres de philosophie morale. Il écrivit même un exaltant recueil, rédigé en latin, des plus beaux préceptes de vie et de mœurs qu'il intitula : « Le Caton moraliste. »

Pour être enfin libéré, il devait s'acquitter de ces 150 000 écus. Afin de se procurer cette somme, il engagea ses meubles et immeubles, et vendit son comté de Périgord à Jean de Bretagne, vicomte de Limoges. Enfin la liberté ! Mais il ne possède plus que son comté d'Angoulême.

De retour au pays, il épouse Marguerite de Rohan qui lui donnera deux fils : Louis, mort à trois ans, et Charles, ainsi qu'une fille : Jeanne.

Cette vie exemplaire a séduit Jean du Port, sieur des Rosiers, mémorialiste, qui se plaît à rendre hommage à toutes les vertus du Prince. Il signale son amour extrême de l'étude : « Il embrassait toute sorte de savoir, prenait grand plaisir à

13

la lecture ; en particulier, il s'attachait aux ouvrages de théologie » qui pouvaient servir à son instruction et confirmation de sa foi et créance où il profita si bien qu'il fut tenu pour le plus docte prince de France.

Tant s'en faut qu'il dédaignât les sciences comme fait la noblesse de ce temps qui estime pour la plupart que ce fût un témoignage de vileté et roture qu'avoir seulement connaissance de langue grecque ou latine... »

Ce prince faisait grand cas des lettrés : « Il les choyait et les honorait, avait auprès de lui habituellement trois prêtres et disputait souvent de la théologie avec l'évêque d'Angoulême qui pour lors était Robert de Montberon ; il aimait aussi un abbé de la Couronne près d'Angoulême nommé Pierre Bouchard, lequel était docte, de douce et paisible conversation et sainte vie. Son confesseur Georges le Macalot, de l'ordre de St-Augustin était grand théologien et fort entendu au droit canon. Le comte ne se plaisait qu'à ouïr traiter de parole de Dieu, soit en public, en particulier et pour exciter les autres à dévotion, mêmement les domestiques ; il les faisait venir souvent en sa salle, les exhortait à bien vivre et leur interprétait quelque passage de l'Ecriture sainte, ès semaines que l'Eglise appelle saintes, il leur prêchait la passion de notre Seigneur et enseignait les mystères d'icelle, tant il était bien versé ès Ecritures par la lecture continuelle...

... Il se plaisait plus à l'Eglise qu'en aucun autre lieu ; le plus souvent, il faisait sa demeure, mangeait et couchait au couvent des Religieux St-Dominique d'Angoulême où il avait sa chambre, observait tous les jeûnes... Cette grande dévotion était accompagnée d'une charité non moindre ; il faisait force aumônes... il a été vu souvent qu'il s'allait promener sur sa mule, ayant avec lui son maître d'hôtel Guillaume Garet ou son aumônier à qui il disait : « Allons voir si nous trouverons de pauvres étrangers par la ville afin de leur faire du bien et secourir de ce qu'ils auront nécessité ; et pour ce, il portait

14

d'ordinaire à la ceinture une bourse de velours qu'il remplissait au sortir du château de petits blancs, monnaie de ce temps-là. Il donnait aux couvents des Jacobins et des Cordeliers du vin, une douzaine de pains, une pièce de bœuf et une montre par alternance chaque semaine.

Il avait horreur des blasphémateurs, aimait la justice qu'il faisait rendre à tous, n'était ni vindicatif, ni malicieux ni plaidoyeur ; sa conversation était douce et modeste ; il n'a connu que sa femme, était très chaste. »

Tel fut ce prince dont la fin fut très chrétienne, comme l'avait été sa vie.

Ce portrait présente un intérêt psychologique certain. L'hérédité parle fort ici : toutes ces vertus si rares ne se retrouvent-elles pas chez sa petite-fille ? Amour passionné de l'étude, lecture incessante et approfondie de l'Evangile, foi ardente, générosité très large, souci de justice, modestie, douceur et bienveillance, voilà ce qui caractérise Marguerite et la rend si attachante.

Son frère François Ier n'eut certes pas de si éclatantes vertus, mais, lui aussi, fut très croyant, et jamais ne jura ni ne blasphéma son Dieu ; il ne jurait que « foi de gentil-homme ». Brantôme a trouvé dans ses papiers de famille un petit quatrain du temps qui dit les serments de quatre rois :

Quand la Pasque-Dieu décéda, (Louis XI)
Par le Jour-Dieu lui succéda, (Charles VIII)
Le Diable m'emporte, s'en tint près, (Louis XII)
Foi de gentilhomme, vint après. (François Ier).

Toutefois, il est un point où l'hérédité ne jouera pas : tandis que Jean d'Angoulême était fort attaché aux moines, ses petits-enfants les auront en profonde aversion. Marguerite les mettra maintes fois en scène dans son « Heptaméron » et leur vie ne sera guère édifiante : paresseux, paillards, fourbes. Ainsi les présente-t-elle.

François ne les estime pas davantage. Il les disait « gens

inutiles qui ne servaient de rien qu'à boire et manger, taverner, jouer ou faire des cordes d'arbalète, des poches de furet à prendre des connils (lapins), de siffler des linottes... »

Bien des gens partageaient cette opinion, et un proverbe commun disait : « Il ne fait rien, non plus qu'un prêtre ou un moine. « En Italie, le dicton n'était pas plus flatteur : « Prêtres, moines, nonnes et poulets, ne sont jamais rassasiés ».

Charles d'Angoulême respecta religieusement les volontés exprimées dans le testament de son père qui multipliait les aumônes aux pauvres. Ce trait l'honore, mais le place en une situation financière difficile ne lui permettant pas de tenir un rang digne de son illustre naissance.

Commynes assure que Louis XI avait songé à lui pour épouser Marie de Bourgogne, fille unique de Charles le Téméraire ; mais malgré son habileté, le roi ne parvint pas à empêcher l'union de la riche héritière avec Maximilien d'Autriche. Avoir rêvé peut-être d'une alliance avec la fille du Téméraire et se voir imposer la fille du « comte sans terres », quel écroulement ! On comprend qu'une aussi forte désillusion n'ait pas incité le comte d'Angoulême à recevoir avec transport l'enfant désargentée qu'on jetait dans ses bras.

Mais Louise, habituée à l'éducation sévère de Madame la Grande, se plaît dans sa nouvelle existence. Charles est un bon vivant qui mène la vie d'un simple gentilhomme campagnard ; il s'est résigné à la médiocrité ; n'était-elle pas un peu son fait ? : pauvre et sans appuis, s'être naguère rebellé, c'était folie. On avait su le lui marquer. Loin de la Cour, résigné à son effacement il avait établi à Cognac une petite Cour princière à l'image de celles d'Italie. Ce n'étaient que réjouissances diverses, toutes propres à enchanter cette adolescente sevrée de toute joie jusqu'à ce jour : fêtes, chasses, concerts, divertissements littéraires. Toute une troupe d'artistes et de lettrés quelque peu bohèmes agrémentait ce séjour. On voyait briller les Saint-Gelais : Jean et Octovien, passionnés de littérature. Tantôt, on séjournait à Angoulême, tantôt on s'échappait à Romorantin où Louise se plaisait beaucoup.

Très lettrée elle-même – sa devise est : « Mes enfants et mes livres » – elle s'épanouit dans cette atmosphère qui convient à ses goûts. Dans ce milieu très libre, elle semble s'accommoder de la présence d'Antoinette de Polignac maîtresse de son mari à qui elle a donné deux filles : Jeanne et Madeleine ; l'aînée devient même sa demoiselle d'honneur, tandis que le maître d'hôtel n'est autre que le frère d'Antoinette. Et le cercle de famille s'élargira encore par l'arrivée au monde d'une nouvelle enfant adultérine : Souveraine, née d'une certaine dame Comte ou Lecomte. On frise la polygamie chez le fils du quasi-saint.

Les jours s'écoulent ainsi dans la sérénité quand parvient une nouvelle d'un grand intérêt : le dauphin Orland, fils de Charles VIII et d'Anne de Bretagne est mort à l'âge de trois ans ; ainsi, le duc d'Orléans devient héritier présomptif du trône ; et Charles décide d'aller saluer son cousin avec lequel il est lié d'amitié. Ce mois de décembre 1495 est exceptionnellement rude, pourtant le comte se met quand même en route. Mais une « fiebvre tierce » le terrasse et l'oblige à s'arrêter à Châteauneuf. Les médecins, appelés de Poitiers et d'ailleurs, se pressent en vain à son chevet où se tient, accourue aussitôt, Louise, dévouée et silencieuse. L'on dit depuis « laquelle quantité de médecins lui avoir été fort préjudiciable ». Il s'éteint le 1er janvier à l'âge de trente-sept ans.

Sa jeune veuve n'affiche pas de regrets excessifs et note avec une extrême concision : « Le 1er jour de janvier de l'an 1496, je perdis mon mari. » Elle observe un deuil décent, fait enterrer le défunt dans le caveau où repose son père dans la cathédrale d'Angoulême, tandis que son cœur est porté aux Célestins de Paris dans la chapelle des Orléans. Octovien de St-Gelais pleure le comte en une Elégie de huit cents vers, puis tout s'apaise ; les Polignac ne sont pas expulsés du château et Louise garde même la petite Souveraine, générosité assez peu commune.

Quelle responsabilité pèse sur cette toute jeune mère âgée de dix-neuf ans à peine, dont la petite Marguerite n'a pas quatre ans, et le « César » est un bébé de quinze mois ! Mais, femme de tête, elle ne s'affole pas et procède à l'inventaire des biens de famille. Des difficultés imprévues vont surgir, provoquées par le cousin d'Orléans que l'on croyait un ami. Il attaque le testament de Charles et réclame la tutelle des deux orphelins, Louise n'ayant pas atteint l'âge légal de vingt-cinq ans exigé pour exercer cette fonction. On imagine la véhémente protestation de la comtesse... Le mois suivant, le différend sera tranché par le Grand Conseil qui décide qu'elle restera tutrice de ses enfants dont la garde lui est confiée ; toutefois, le duc Louis n'est pas débouté : il exercera une tutelle honoraire. Ce terme vague qui paraissait sans valeur réelle se concrétise dans l'esprit de l'obstiné duc qui s'arroge la fonction d'exécuteur testamentaire dont il se prétend investi par le défunt.

Soudain, retentit une nouvelle sensationnelle : le roi Charles VIII est frappé en pleine jeunesse deux ans après la mort de Charles d'Angoulême ; il succombe par accident, s'étant heurté au linteau d'une porte dans une galerie obscure du château d'Amboise. Des rumeurs ne tarderont pas à courir à la honte de son successeur : Louis d'Orléans devenu Louis XII, soupçonné d'avoir anticipé son avènement. Sur quoi s'appuie cette sourde accusation ? Charles VIII venait de recevoir des oranges d'Italie, commandées par le cousin Louis et livrées par l'entremise de César Borgia. Certains historiens ont prétendu que ces fruits évaient été empoisonnés. La sinistre réputation du fils de sa Sainteté est sans doute à l'origine de cette grave imputation ; peut-être s'avisa-t-on après coup que le roi ne s'écroula pas sitôt le choc. Charles VIII regarda même une partie de jeu de paume tout en devisant avec ceux qui l'accompagnaient. C'est seulement ensuite qu'il perdit l'usage de la parole puis agonisa pendant près de neuf heures.

Quoi qu'il en soit, voilà l'adversaire de Louise devenu le tout-puissant roi de France. Pour le moment, tandis que la reine veuve regagne son cher duché de Bretagne, Louis XII se préoccupe de l'annulation de son mariage avec Jeanne de France, fille cadette de Louis XI. Ce procès est en cours depuis le 10 août, et le roi a hâte d'être débarrassé de cette épouse contrefaite « âme de sainte dans un corps de monstre ». Il est d'autant plus impatient qu'il envisage un remariage avec la duchesse Anne car il craint qu'elle ne porte la Bretagne à un autre souverain. C'est qu'elle a le choix, la Bretonne ! Treize prétendants n'ont-ils pas jadis aspiré à sa main ? Louis XII ne recule pas devant un faux serment : il invoque la non-consommation du mariage, cas d'annulation indiscutable. Or, ne dit-on pas que son terrible beau-père, dans sa prévoyance, l'avait contraint – devant témoins – à s'exécuter sous peine de mort ? L'amour ou la mort, choix plutôt rare.

Jeanne refuse de se soumettre à un contrôle humiliant, mais accepte de paraître devant un tribunal ecclésiastique.

Un cardinal lui demande si elle admet être mal conformée.
– Je sais seulement que je ne suis pas jolie ni aussi belle de corps que la plupart des femmes, répond la pauvre délaissée.
– Mais vous reconnaissez que vous n'êtes pas apte au mariage ?
– Je crois y être aussi apte que la femme de mon écuyer Georges, qui est contrefaite, et n'en a pas moins eu des enfants.

Sur la question brûlante de non-consommation du mariage, elle répond :
– Je ne veux pas d'autre juge que le roi, mon seigneur. S'il affirme par serment que ses imputations sont véritables, j'accepte d'avance ma condamnation.

Le roi jure... Alors, elle déclare simplement :
– Grâce au parjure de mon mari, je n'ai jamais été son épouse... »

Et le mariage sera rompu. Il ne manque plus que la dispense du pape pour rendre possible l'union avec Anne, car le père de la duchesse, François II est, comme Louis XII, petit-fils de Louis d'Orléans et de Valentine Visconti, lien de parenté prohibé par l'Eglise. C'est César Borgia qui viendra en grande pompe porter au roi les bulles attendues. Un peu de discrétion eût été souhaitable...

Et le 8 janvier, sera célébré le mariage de Louis XII et d'Anne, reine de France pour la seconde fois. C'est un coup dur pour la comtesse d'Angoulême dont le fils bien-aimé risque de voir s'envoler sa chance d'accéder au trône.

Pourtant, un espoir l'habite. Il faut dire que lorsqu'elle attendait son second enfant, elle s'était rendue auprès d'un homme d'une réputation de sainteté si bien établie que Louis XI l'avait envoyé quérir en Calabre dans l'espoir qu'il pourrait prolonger sa vie. Nous trouvons dans Commynes des détails très curieux sur ce frère Robert plus connu sous le nom de Saint François de Paule.

« Ledit ermite en l'âge de douze ans, s'était mis sous un roc, où il était demeuré jusqu'en l'âge de quarante et trois ans, ou environ, et jusqu'à l'heure que le roi l'envoya quérir par un ancien maître d'hôtel, en la compagnie du prince de Tarente, fils du roi de Naples, car il ne voulait partir sans congé du pape ni de son roi. Jamais n'avait mangé, ni n'a encore depuis qu'il se mit en cette étroite vie, ni chair, ni poisson, ni œufs, ni laitage, ni aucune graisse. Et ne pense jamais avoir vu homme vivant de si sainte vie, ni où il semblât mieux que le Saint-Esprit parlât par sa bouche. Il n'était clerc ni lettré, et n'apprit jamais rien. Vrai est que sa langue italienne lui aidait bien à se faire émerveiller. Ledit ermite passa par Naples, honoré et visité autant qu'un grand légat apostolique, tant du roi de Naples que de ses enfants et parlait avec eux, comme un homme nourri en cour. De là, passa par Rome ; et fut visité de tous les cardinaux ; et eut audience avec le pape, par trois fois, seul à seul ; et fut assis auprès de lui, en belle chaire, l'espace de trois ou quatre heures, à chaque fois (qui était grand honneur à si petit homme), répondant si sagement que chacun s'en ébahissait ; et lui accorda notre Saint-Père faire un ordre appelé les ermites Saint François. De là, vint devers le roi, honoré comme s'il eût été le pape, se mettant à genoux devant lui, afin qu'il lui plût faire allonger sa vie. Il répondit ce que sage homme devait répondre. Je l'ai maintes fois ouï parler devant le roi... mais il semblait qu'il fût inspiré de Dieu ès choses qu'il disait et remontrait ; car autrement n'eût su parler des choses dont il parlait ».

C'est donc auprès de ce « saint-homme » comme l'appelait Louis XI que s'en était venue l'ambitieuse comtesse. Et il l'avait asurée qu'elle serait mère du roi de France. Cette prédiction explique son exaltation à la naissance de François, mais aussi ses tremblements à chaque grossesse de la reine si féconde.

Pour l'instant, il est encore héritier présomptif, et c'est à ce titre que le roi le convoque avec sa mère et Marguerite. Il confirme à Louise sa tutelle mais exige qu'elle réside à Blois avec les siens et lui impose la surveillance du maréchal de Gié, son favori. Quelle rancune va s'amasser dans le cœur de la comtesse, mortifiée dans sa tendresse maternelle si possessive ! Puis, de Blois, départ pour Amboise où Gié fait garder les enfants par quelques archers de sa compagnie. Une

21

compensation est offerte au jeune François : le duché de Valois lui est constitué en apanage, ce qui comble d'aise sa mère, mais ne calme pas son irritation contre le favori plus maladroit qu'hostile. N'a-t-il pas fait enfoncer la porte de sa chambre et arraché l'enfant à sa mère indignée, sous prétexte qu'il ne sied pas à un futur roi de France de rester dans les jupes des femmes ? Sa place, dit-il, est près de son gouverneur. Désormais, l'aversion deviendra haine impitoyable.

Or, le favori s'est déjà attiré l'inimitié de la reine, car, tandis qu'elle est plus Bretonne que Française, il demeure, lui, plus Français que Breton. Leur opposition porte sur un point très important : le mariage de la petite Claude, première enfant du couple royal. Tandis qu'Anne désire ardemment lui voir épouser le petit-fils de Maximilien d'Autriche, son ancien fiancé, le maréchal mesure les dangers de cette union pour la France. A ce Charles de Luxembourg (futur Charles-Quint), il préfère François appelé à régner s'il ne naît pas de dauphin. Croirait-on que la reine voudrait constituer en dot à sa fille la Bourgogne en plus de la Bretagne en cas de mariage autrichien. Ce serait alors la France démantelée, et en danger à l'est comme à l'ouest.

L'autre favori Georges d'Amboise soutient ce projet auquel le roi a la faiblesse de consentir. Les parents du petit Charles, Philippe le Beau et Jeanne de Castille (appelée plus tard Jeanne la folle) sont même venus à la cour de Blois où la beauté de l'archiduc a émerveillé Louis XII qui s'écria en l'apercevant : « Que voilà un beau prince ! » Les parents respectifs des fiancés jurèrent sur le Saint-Sacrement d'unir leurs enfants. Et l'année suivante, ils devaient renouveler leurs serments à Lyon où Philippe et Jeanne s'arrêtèrent à leur retour d'Espagne, rejoints par Louis XII et Anne de Bretagne. Qui est donc ce maréchal de Gié qui ne cache pas ses sentiments si contraires aux vœux de la reine ? Né à Montiercrolles en Anjou, marié en 1476 à Françoise de

Penhoët, il descendait de Du Guesclin par son père et des Visconti par sa mère, mais était un simple cadet de la famille des Rohan-Guéménée, branche cadette elle-même de la puissante maison de Rohan. Par sa mère Marie de Montauban, il était petit-fils du célèbre amiral de Montauban, l'ami et le collaborateur de Louis XI. Ce roi avait remarqué le jeune ambitieux et le disait « grand avaricieux, aimant l'argent ; il fallait donc le remplir ».

Très brave soldat, puis capitaine avisé et prudent, il sauva Charles VIII à Fornoue. Il se révéla surtout homme de bon conseil, diplomate habile ; favori de deux rois, ses allures hautaines lui créèrent de nombreux ennemis.

Charles VIII et Louis XII ne s'étaient pas montrés ingrats ; qu'on en juge par les titres dont pourra se prévaloir ce cadet de famille ! :

Pierre de Rohan, sire de Gié, plus tard duc de Nemours, vicomte de Fronsac et de Chatellerault, pair de France, baron de Sablé, Mayenne-la-Juhel, La Ferté-Bernard et Nogent-le-Rotrou, seigneur haut justicier du Verger, seigneur de Baugé, de Château-du-Loir, de la Gacilly, la Motte-Glain, etc., Frontenay, etc... comte d'Ariano, marquis de Vasto-Ammone, etc... en Italie, capitaine d'Angers, d'Amboise et de Granville, maréchal de France, président du Conseil du roi, généralement connu sous le nom de maréchal de Gié, tel est le prestigieux personnage qui ne craint pas d'irriter la reine de France et la mère de l'héritier du trône.

Jusqu'à présent, la reine l'emporte, comme nous l'avons vu. Le roi semble ne pas réaliser le péril que l'union de sa fille avec Charles de Luxembourg fait courir à la France. En sera-t-il toujours ainsi ?

Une autre source de conflit va surgir. Une grave maladie de Louis XII amènera Gié à prendre d'audacieuses initiatives. Soupçonnant la reine de s'enfuir avec sa fille dans son duché dès la mort du roi afin de précipiter ce mariage, il prit les

23

devants. Qui sait même si elle ne projettait pas de s'attaquer à l'héritier du trône ? Il fallait parer à ces dangers. Le cours de la Loire étant la voie la plus rapide pour se rendre à Nantes, il ordonna à dix mille archers de se tenir prêts à intercepter toute galiote suspecte sur le fleuve.

Il exigea en outre un serment d'obéissance absolue à ses ordres des hommes d'armes chargés de la sécurité du jeune François à Amboise. Leur commandant, Roland de Floret prêta le même serment. Ils eurent pour consigne de quitter sur l'heure le château à l'annonce de la mort du roi et de conduire François à Angers dont il était sûr et qu'il rejoindrait bientôt.

Malgré la gravité de son état, le roi se rétablit (février - mars 1504). Tout semblait rentré dans l'ordre quand un lieutenant de Gié en qui il plaçait toute sa confiance, Pierre de Pontbriant le trahit. Il révéla à Louis XII les mesures prises par le maréchal. Celui-ci nia tout et se prétendit victime d'un complot à l'instigation de Louise de Savoie. La chose paraissait invraisemblable puisque Gié n'avait agi ainsi que pour protéger son fils et défendre ses intérêts. Mais il est vrai que la vindicative comtesse lui reprochait de le supplanter en partie dans l'affection du jeune François.

Anne, ravie, pensa trouver là l'occasion de perdre son ennemi. Elle relança l'affaire ; le témoignage de Roland de Ploret fut décisif. Alors s'ouvrit le procès de l'ex-favori ; les témoins à charge ne manquèrent pas, puisqu'il était en disgrâce. Le procureur général requit la peine de mort et la confiscation des biens de l'accusé ; mais le roi s'émut, fit remettre Gié en liberté et renvoyer le procès au printemps suivant. C'est devant le parlement de Toulouse que s'ouvrit le procès. La plupart des témoins à décharge ne rougirent pas de se dérober. L'historien Alain Bouchart se cacha dans un placard en apercevant l'huissier porteur de sa convocation. Le verdict fut assez modéré : privation pendant cinq ans de la dignité de maréchal de France, exil à dix lieues de la Cour, amende de 10 800 livres en sanction d'un détournement de fonds, très minime à la vérité.

Gié se retira dans sa magnifique propriété du château de Verger et y vécut loin du monde. Il mourut quelques années plus tard à l'âge de soixante-deux ans, dans l'hôtel royal des Tournelles dont il avait conservé la jouissance.

Et l'éducation de la petite Marguerite, que devient-elle parmi toutes ces tribulations ? Dès sa petite enfance, elle manifestait sa bonté, montrait à tous un visage riant, et, petite fille aimable et gaie, se faisait aimer pour sa grâce enjouée. Heureusement douée, elle profita de l'éducation donnée à son frère, plus libre, plus complète que celle des jeunes filles de son temps. Son père avait hérité du prince Jean une riche bibliothèque, et, aspirant, lui aussi, à la « manne céleste de bonne doctrine », bibliophile éclairé, il avait fait bien des dépenses parfois déraisonnables pour l'embellir. Et Louise, très lettrée, avait gardé les enlumineurs qui résidaient au château.

Mais ce n'est pas à Cognac, ville quittée très tôt par la volonté du roi, que s'écoula son enfance, mais à Blois et à Amboise. Dans la première résidence, se trouvait la remarquable « librairie » du grand-oncle : le poète Charles d'Orléans qui, prisonnier des Anglais, rima de douces ballades et de fins rondeaux. Les lectures les plus variées satisfaisaient la passion de Marguerite pour le beau savoir. Lectures pieuses ou profanes la séduisaient de même ; mais surtout, elle était sensible aux enchantements de l'Italie lumineuse découverte quelques années auparavant. Elle lisait Pétrarque et Dante qu'elle aimera toute sa vie, et respirait « cette fleur de courtoisie qui parfume les sonnets de l'amant de Laure et brille encore dans les cercles les plus ténébreux et les plus tourmentés de l'Enfer du Florentin ».

L'italien et l'espagnol, elle les apprenait de sa mère. Le futur abbé de Saint-Martin d'Autun : Robert Hurault, qui sera le précepteur de Bonaventure des Périers – futur protégé de Marguerite – lui donna ses premières leçons de philosophie. Des érudits : François Demoulin, François de Rochefort, abbé de Saint-Mesmin près d'Orléans lui enseignent l'histoire sainte. Sa gouvernante : Mme de Châtillon (Blanche de Tournon) fut sa maîtresse de mœurs et demeura toute sa vie une amie fidèle et très aimée. Plus tard, elle priera Le Canosse de lui donner des leçons d'hébreu, cette langue antique tenue alors pour la clef de la philosophie.

Elle trouvera un jour dans cette solide éducation et dans sa passion de l'étude les appuis nécessaires pour supporter les épreuves que lui imposera un destin sévère.

Soucieuse de lui voir fuir l'oisiveté, sa mère lui enseigne l'art de la broderie et souhaite qu'elle y consacre plusieurs heures par jour. Marguerite déploiera un réel talent dans les travaux d'aiguille qu'elle ne délaissera jamais.

Mais le sentiment qui guidera toutes ses actions, la grande passion de sa vie sera son immense amour pour son frère dont la démesure fut un sujet d'étonnement pour les contemporains. C'est la grande chance de François de grandir entre « une mère pareille à une sœur aînée et une sœur tendre au point de sembler presque maternelle. »

Il est une date bien sombre pour Louise qui note avec amertume dans son « Journal » : « Le 3 août 1508, au temps du roi Louis XII, mon fils partit d'Amboise pour être homme de cour et me laissa toute seule ».

Toute seule, vraiment ? Ne lui reste-t-il pas sa charmante fille tendre et compréhensive ? Elle l'aime pourtant, mais sa présence ne peut combler le vide laissé par le départ de son « César ».

Pourquoi cette décision royale ? Est-elle liée au revirement de Louis XII relatif au mariage de Claude ? Dans un éclair de lucidité, il a compris le danger que l'union avec Charles de Luxembourg ferait courir au royaume. En somme, Gié avait raison trop tôt... Anne qu'il n'a jamais contrariée veut protester, mais le roi lui fait comprendre que sa décision est irrévocable : « Au commencement, lui dit-il, la nature avait décoré les biches de cornes aussi bien que les cerfs, mais les biches venant à se préférer aux cerfs, Dieu courroucé de ce, ordonna qu'elles naquissent sans cornes ! »

Alors, les fiançailles de Claude avec François seront officiellement célébrées.

Et Marguerite ? Quels différents partis sont envisagés ? Le prince de Galles, puis le second fils d'Henri VII d'Angleterre, ensuite, il est question du duc de Calabre, fils du roi de Naples ; enfin, il s'agit de Christian de Danemark. Aucun de ces projets n'aboutit. Est-ce parce qu'elle n'est pas fille de roi ? Le souverain d'Angleterre a exprimé crûment cette pensée ; les autres, plus courtois, n'en jugent pas moins ce parti trop modeste.

Les alliances étrangères ayant échoué, Louis XII porte son choix sur le duc d'Alençon, prince du sang par son aïeul Charles de Valois, frère de Philippe le Bel. Ce prince est d'une insignifiance rare ; sans la moindre culture, il est plus propre à la guerre qu'aux subtilités de langage. Quel contraste avec la fine et spirituelle Marguerite !

Que pense-t-elle de ce fiancé ? A-t-elle réalisé la nullité de l'époux qu'on lui destine ? Aucune confidence ne nous est parvenue sur ses impressions de l'époque ; mais une douzaine d'années plus tard, alors que de hautes responsabilités seront confiées à son mari, doutant de sa compétence, elle écrira à un prélat, homme de bien renommé, pour solliciter ses prières.

Du moins, le mariage fut-il célébré à Blois avec une pompe toute royale. De l'avis général, Louis XII fit un aussi grand triomphe que s'il se fût agi de sa propre fille. Il « faisait si

27

bonne chère et de si très bon cœur à la mariée qu'il était aisé à connaître qu'il les avait bien en sa grâce, elle et son mari ». Marguerite fut la seule personne servie dans de la vaisselle d'or, honneur réservé à la reine.

Détail assez curieux : le duc d'Alençon avait d'abord été fiancé à Suzanne, fille d'Anne de Beaujeu, puis, se ravisant, celle-ci lui avait préféré Charles de Bourbon-Montpensier, futur connétable de Bourbon. Ainsi, à vingt ans de distance, Louise et sa fille étaient unies à des princes du sang qui avaient espéré des alliances beaucoup plus illustres.

La dot de la mariée est de 60 000 livres payables en dix termes. Marguerite renonce en faveur de son frère à ses droits sur la succession d'Angoulême. De son côté, il lui abandonne ses droits sur la succession d'Armagnac, ce qui met fin au long procès qui oppose les maisons d'Alençon et d'Angoulême.

Le marié constitue à son épouse un douaire de 6 000 livres garanti par ses terres d'Alençon et du Perche. Quant à Marguerite de Lorraine, belle-mère de Marguerite, elle promet à son fils – son légataire universel – de donner après la consommation du mariage, la moitié de ses meubles, tapisseries, vaisselle d'or et d'argent. Les bijoux resteront la propriété personnelle de Marguerite ; et si le duc disparaît, les meubles seront partagés par moitié entre la nouvelle duchesse et la duchesse douairière.

Voilà donc Marguerite éloignée des siens ; elle a suivi son époux dans ses terres et si nulle affinité ne la rapproche de lui, du moins a-t-elle été accueillie avec joie par ses nouveaux sujets, ce qui émeut sa vive sensibilité. Une question se pose : sont-ils séduits par sa beauté ? Bien sûr, celle-ci sera célébrée en des poésies admiratives, mais quel crédit doit-on accorder à ce langage intéressé ou reconnaissant ? Elle a de commun avec son frère un nez assez long, caractéristique permettant à des sujets irrévérencieux de baptiser François Ier : « Le long nez ». Mais ses yeux brillent d'intelligence, et la bonté illumine son visage. Elle est donc mieux que belle, elle charme et attire les cœurs par sa bienveillante douceur qui n'est point mollesse ou aimable indifférence.

Cette jeune lettrée, elle a alors dix-sept ans, va-t-elle trouver au château d'Alençon les agréments que recherche son extrême jeunesse, et pourra-t-elle satisfaire cette soif de culture qui la possède ? La demeure féodale où elle pénètre est austère et morose, bien différente des résidences des bords de Loire où s'est écoulée sa vie.

Sa belle-mère s'est retirée au château de Mauves près de Mortagne et y mène une existence monotone consacrée à la prière, aux visites des malades, ainsi qu'à des aumônes qui constituent le plus clair de ses dépenses. Les habitudes d'économie nécessaires pour acquitter les dettes de son mari l'ont accoutumée à une vie frugale ; et sa maison est « un séminaire de vertu, une pépinière de dévotion et un oratoire de l'oraison ». Marguerite peut se croire au cloître. On peut imaginer la gravité de son entourage qui comprend un chambellan, une dame d'honneur, et quelques « gentils-femmes » : dame de la Chapelle, demoiselles de Breuille, de Fors, de Refuge ; il ne semble pas qu'elles aient respiré la joie de vivre : jamais Marguerite n'en fera mention. Elle a heureusement auprès d'elle dans cette maison glacée sa nourrice Marguerite Texier, sa vraie famille.

Un écuyer, un maître d'hôtel du duc figurent dans des états de cette époque. Inutile de préciser qu'elle s'ennuie ferme, surtout les premières années. Puis, peu à peu, son penchant pour la religion, vivace dès sa petite enfance, renaît, fortifié par l'exemple de la duchesse douairière qu'elle estime et respecte. Elle cherchera dans la méditation religieuse les satisfactions qu'elle ne trouve pas ailleurs.

Toutefois, elle n'est pas recluse ; il lui arrive de s'échapper pour des séjours à la Cour où Anne de Bretagne attire un grand nombre de dames et de jeunes filles auxquelles elle confie des fonctions jusque-là « chasses gardées » masculines, innovation qui la fait classer parmi les féministes. La reine s'intéresse à ces jeunesses, et prend soin de leur établissement. Certaines deviendront même des souveraines : Anne de Foix régnera en Hongrie, Germaine de Foix en Castille. Mais la reine exige une parfaite sagesse de ses protégées et les mène avec sévérité. Ah ! certes, dans cette atmosphère, on est loin du libéralisme de la petite Cour de Louise de Savoie, hâvre de bonheur. Il faut dire que Marguerite échappe à la surveillance d'Anne dont elle n'est en rien dépendante. Et le mouvement, l'animation, le site la changent d'Alençon, sans contre-partie déplaisante.

Deux ans après son mariage, elle invite sa mère qui lui fera le plaisir d'un séjour de quelques mois.

Louise vit toujours dans la hantise de la naissance d'un dauphin. Alors adieu, tout espoir de règne pour son « César » ! Bien sûr, un saint lui avait prédit qu'elle serait un jour la mère d'un roi ; elle croit à cette prophétie, mais sait-on jamais, Anne est si féconde !... Il est vrai qu'un maléfice semble frapper sa descendance : aucun des cinq enfants qu'elle a donnés à Charles VIII n'a survécu. De Louis XII, elle a deux filles : la chétive Claude, sa future belle-fille, et la petite Renée née l'année précédente. Entre temps, un fils était né à la Bretonne, mais il n'avait pas vécu, et Louise avait alors exulté sans retenue et noté dans son fameux « Journal » : « Anne, reine de France, à Blois, le jour de Sainte-Agnès, 21 de janvier, eut un fils ; mais il ne pouvait retarder l'exaltation de mon César, car il avait faute de vie ». Et voilà qu'une nouvelle grossesse de la reine est annoncée !

Anne, très pieuse, est troublée par un conflit opposant le roi au pape Jules II. Elle multiplie pénitences, jeûnes, processions, pour désarmer le ciel ; puis elle fait intercéder en sa faveur ses évêques bretons. Le souverain pontife répond par une prophétie terrible : si la reine détourne le roi de ses projets, elle donnera le jour à un fils. Sinon, ses espérances seront à jamais déçues. Les choses en sont là... Mais Louise, cette fois, a une inspiration ; elle ne subira pas le destin, mais veillera à l'orienter. Voici son projet :

Protectrice du couvent des Cordeliers d'Angoulême, elle convoqua le gardien, frère Jean Thenaud, chez Marguerite à Alençon où elle se trouvait pour lors et le chargea d'une mission : il devait prendre le chemin de Bethléem pour déposer en son nom sur la crèche du Seigneur l'or, la myrrhe et l'encens des rois mages. C'est là entreprise périlleuse, les Lieux saints étant aux mains des Infidèles qui en refusent l'accès aux pèlerins. Il faut à ceux-ci une foi ardente et un courage à toute épreuve pour s'engager ainsi. Une protection est trouvée : le frère se joindra au train d'un ambassadeur français, André Le Roy, envoyé par Louis XII auprès du sultan d'Egypte pour améliorer leurs rapports. Marguerite lui adjoint un secrétaire, François de Bonjan, qu'elle fit pourvoir d'or et d'argent « en très bonne quantité et de toutes autres choses nécessaires à voyager, tant pour lui que pour moi » dit le frère qui rend hommage à son compagnon de voyage : « Je n'eusse pu trouver compagnie autre meilleure que la sienne ».

Quelle merveilleuse relation de son voyage va nous laisser le frère ! Parti en juillet 1511, il rejoint l'ambassadeur à Valence, embarque à Aigues-Mortes, atteint Alexandrie, puis arrive au Caire le 29 mars suivant. Cette cité le subjugue au point qu'il s'y attarde deux mois et demi. Il poursuit son voyage en se joignant à une caravane de 12 000 chameaux. On l'accepte, bien qu'il soit le seul chrétien parmi ces Infidèles.

Nous ne pouvons retracer toutes les pérégrinations de son dangereux voyage où il manque périr maintes fois. Il gravit les pentes du Sinaï, puis, ce premier pèlerinage accompli, le voilà de retour au Caire un an après avoir quitté son couvent. Il repart pour les Lieux Saints et atteint le couvent de Bethléem le 21 août, « tellement rempli de joie, de consolation et de liesse spirituelle » qu'il en oublie toutes ses misères passées.

De là, il se rend à Jérusalem, but suprême de son voyage. Au Saint Sépulcre, son vœu est accompli. Le retour durera plusieurs mois encore bien périlleux.

Il regagne enfin la France, remonte la Loire jusqu'à Amboise, trouvant sur ce fleuve « grâce à Dieu plus de plaisir qu'il n'en avait eu sur le Nil, bien qu'il fût le deuxième fleuve du paradis terrestre ». C'est seulement fin mars qu'il arrive au château d'Amboise où se trouve « sa très redoutée, très illustre et impériale dame ». Il lui rend compte de sa mission et elle l'accueille « avec sa grâce très humaine et douceur royale ».

Puis, il rejoint son couvent, bien content de retrouver le calme après vingt-deux mois de tribulations, de fatigues et de dangers. Il se consacre désormais à des travaux littéraires. C'est seulement une dizaine d'années plus tard qu'il rédigera ses passionnants récits de voyages.

N'est-il pas permis de penser que la superstitieuse comtesse a souhaité, par ce pèlerinage, la protection divine pour que soit exaucé son vœu le plus cher ? Le résultat est atteint, puisque la reine, une fois encore, a mis au monde un fils « privé de vie ». Sa faveur ne fera jamais défaut à son cordelier dont les manuscrits figureront pendant des siècles à la bibliothèque du château de Cognac qu'ils ne quitteront sous la Monarchie de juillet que pour être dirigés sur la Bibliothèque Royale.

Soudain, coup de tonnerre : le 10 janvier 1514, Louise se trouve à Cognac où Marguerite, son frère et son mari sont venus lui rendre visite quand une nouvelle stupéfiante leur parvient : la reine est morte la veille : âgée seulement de trente-six ans, mais fatiguée par des maternités répétées, elle a succombé en une semaine à une crise de gravelle, maladie à laquelle elle était sujette.

Louise écrit dans ses notes : « Anne de France alla de vie à trépas le 9 janvier 1514 et me laissa l'administration de ses biens, de sa fortune et de ses filles mesmement de madame Claude, reine de France et femme de mon fils, laquelle j'ai honorablement conduite ; chacun le sait, vérité le connaît, expérience le démontre, aussi fait publique renommée... »

Enfin, pour la première fois depuis tant d'années, Louise connaît la sérénité.

La douleur du roi est immense, il pense ne pas tarder à suivre la reine et recommande :

– Faites un caveau assez grand pour elle et pour moi. Devant qu'un an ne soit écoulé, je serai avec elle et lui tiendrai compagnie. »

Par égard pour son épouse si hostile au mariage de Claude avec François, le roi avait différé la cérémonie. Maintenant, la mort de la reine en facilite la conclusion. François quitte sa résidence d'Amboise pour St-Germain où cette union doit avoir lieu. Tout le monde était somptueusement paré mais portait le deuil de la feue reine.

Et les jours s'écoulent dans un bonheur parfait...

Mais, ô rage ! ô désespoir ! L'imprévu se produit : le veuf inconsolable, quinquagénaire maladif, oui, Louis XII se remarie. Qui l'eût cru ? et il épouse une toute jeune fille, appétissante à souhait, Marie, sœur du roi d'Angleterre Henri VIII. La nouvelle reine est bien décidée à engendrer un dauphin, et le roi va s'y employer...

François d'Angoulême avait été chargé d'accueillir la princesse à Boulogne, et Charles de Bourbon l'accompagnait. Il parait qu'ils eurent tous deux le coup de foudre, mais nulle inimitié ne les sépara à ce sujet. Mais un seigneur, Brandon, escortait la fiancée, et sa présence inquiétait Louise car il semblait plaire à Marie. S'il allait se substituer au roi défaillant et la rendre mère ? Le cauchemar ne finirait donc jamais ? Mais, bien que personne des plus avisées, elle n'avait pas prévu que le danger viendrait de celui qui, plus que personne, avait intérêt à se montrer vigilant : François, eh oui, son écervelé de fils qui avait « la galanterie dans la peau » était sensible au charme et aux coquetteries de la nouvelle reine. Mais quelqu'un veillait : un familier de la maison d'Angoulême, Monsieur de Grignaux, entreprit l'impétueux galant et lui tint le langage rude d'un homme qui sait mal farder la vérité :

– « Ne voyez-vous pas que cette femme, qui est fine et caute, vous veut attirer à elle afin que vous l'engrossiez ? Et si elle vient à avoir un fils, vous voilà encore comte simple d'Angoulême, et jamais roi de France, comme vous espérez... Vous l'irez toucher et vous vous approcherez si bien d'elle, que vous, qui êtes jeune et chaud, elle de même, Pâques Dieu ! elle prendra comme à glu ; elle fera un enfant, et vous voilà bien ! Après, vous pourrez dire : « Adieu, mon royaume de France ».

Notre censeur, après avoir morigéné le fils, court prévenir la mère du péril. Elle accourt de Romorantin, et après avoir fait une scène terrible à François qui en demeura pantois, elle établit une surveillance sans faille autour de l'Anglaise qui enrage mais ne s'en peut dégager.

Une autre version montre François se précipitant au rendez-vous fixé par son affriolante conquête, quand un homme surgit et l'éloigne en lui disant : « Quoi ! voulez-vous donc vous donner un maître, que vous allez sacrifier un trône à un moment de plaisir ? » C'était Antoine Duprat, homme de confiance de Louise.

Après tout, l'avertissement de l'un n'exclut peut-être pas l'intervention directe de l'autre.

Voyant Louise en grand souci, le jeune Fleurange, pour la

dérider lui conte « que ceux de la Basoche à Paris, disaient que le roi d'Angleterre avait envoyé une haquenée au roi de France pour le porter bientôt et plus doucement en enfer ou en paradis ».

La prédiction ne tarda pas à se réaliser : Louis XII succombe au changement d'habitudes et aux excès que lui impose Marie. Il s'éteint le 1er janvier 1515, près d'un an après Anne.

Enfin, la situation est sauve... Pas encore : la rusée se déclare enceinte, mais neuve sur ce point, elle prend un embonpoint trop rapide. Louise, qui n'est pas dupe, exige un contrôle. Tout s'effondre : la reine s'était enveloppée de coussins !

L'anecdote, tirée de Brantôme, est piquante, certes, mais ne relève-t-elle pas de la fantaisie ? Non, que la dame qui souhaite ardemment devenir reine-mère soit incapable de recourir à ce subterfuge ; nous savons que les scrupules ne la tourmentent guère.

Mais ce qui déconcerte, c'est un récit tout différent tiré des Mémoires de Fleurange, familier depuis une douzaine d'années de François d'Angoulême. Son arrivée à la Cour vaut d'être contée. Fils de Guillaume de la Mark « le sanglier des Ardennes », dès qu'il peut monter un petit cheval, l'enfant, exalté par la lecture de quelques romans de chevalerie, décide qu'il doit égaler les héros qu'il admire. Il veut découvrir le monde et se rendre à la cour de Louis XII « prince le plus renommé de la Chrétienté ». Son père l'approuve et lui donne une petite escorte de quelques gentilshommes. On arrive à Blois où le roi, surpris, lui accorde l'entrevue sollicitée et lui dit :

« – Mon fils, soyez le très bien venu, vous êtes trop jeune pour me servir, et pour ce, je vous enverrai devers monsieur d'Angoulême à Amboise, qui est de votre âge, et je crois que vous y tiendrez un bon ménage.

Sur quoi, lui fit réponse ledit jeune Aventureux :
– J'irai où il vous plaira me commander ; je suis assez vieil
pour vous servir et pour aller à la guerre si vous voulez.
A quoi répondit ledit sieur :
– Mon ami, vous avez bon courage, mais j'aurais peur que
les jambes ne vous faillissent en chemin ; mais je vous
promets que vous irez ; et quand j'irai, je vous manderai. »
L'accueil fut merveilleux chez la comtesse d'Angoulême et
son fils âgé de huit ans, cadet de quelques années de ce
nouveau compagnon si intrépide ; et les deux enfants « eurent
bientôt bonne connaissance et bonne accointance ensemble. »
Cette amitié ne se démentira jamais.

Voyons son récit ; moins brutal mais peut-être plus
véridique en sa simplicité que le précédent :
En France, au décès d'un roi, la reine garde le lit pendant
six semaines dans une obscurité adoucie de quelques
chandelles ; elle est gardée par des dames de son entourage.
Force est à la trépidante Marie de respecter cet usage et de
vivre ainsi recluse, réduite à la présence de Madame de Nevers
et de Madame d'Aumont.

Environ trois semaines après la mort de Louis XII, François
se présente chez elle et lui demande s'il peut se déclarer roi.
La veuve lui fait une réponse affirmative, car nul signe de
grossesse ne s'est manifesté.

Alors, qui est dans le vrai ? Brantôme ? Fleurange ? Quoi
qu'il en soit, rien ne peut plus empêcher désormais l'exaltation
du « César ».

« Le roi est mort ! Vive le roi ! »

Chapitre II

De la victoire de Marignan au désastre de Pavie. Vie brillante de Marguerite à la Cour où elle est presque reine. Mais, après la griserie des premières années, méditations religieuses la rapprochant de l'évêque de Meaux Briçonnet et des évangélistes de son cénacle.

Enfin, craintes, alarmes, terreurs, ne sont plus qu'un cauchemar oublié. Le saint avait prophétisé vrai : le « César pacifique » est roi de France. Comte d'Angoulême, duc de Valois la veille, il est maintenant François, premier du nom. Il a alors vingt et un ans.

C'est vraiment un homme superbe, ce jeune souverain dont la prestance et la bonne grâce ont de quoi séduire. Michelet écrit : « L'armure de Marignan et de Pavie, toute faussée de coups de feu et de coups de pique, témoigne de l'effet que dut produire ce magnifique homme d'armes ».

Les premières, sa mère et sa sœur étaient éperdues d'admiration. Ce qui exaltait leur passion idolâtre, c'étaient les frayeurs continuelles que leur donnait sa folle témérité. Déjà dès l'enfance, elle le portait à des exercices violents et à des jeux dangereux en compagnie de camarades également sans peur parmi lesquels brillait le fils du Sanglier des Ardennes, le jeune Fleurange qui s'intitulait lui-même l'Aventureux. Bonnivet, frère cadet du gouverneur de François après la disgrâce de Gié, n'était pas le moins fou. Et plus d'une fois, le jeune comte d'Angoulême avait été blessé et même dangereusement.

Le royaume salua son avènement avec joie. Son image plaisait. L'Italie aussi avait foi en lui. Occupée depuis tant d'années, pillée et torturée par les bandes suisses et les armées espagnoles, l'Italie sous le joug, est désespérée et attend... Et lui est séduit aussi par le mirage italien.

A peine roi, il est sollicité par une tâche qu'il ne veut différer : il va organiser la Cour. En France, jusqu'à présent, elle n'assemblait que des princes, des évêques, des hommes de guerre et des conseillers réunis par la parenté parfois, par les affaires souvent. Leurs manières étaient plutôt rudes, d'autant plus que les femmes, reléguées dans leurs châteaux ne paraissaient guère à la Cour. Nous avons apprécié le modernisme d'Anne de Bretagne attirant près d'elle un grand nombre de femmes. A son avènement, lors de son premier règne, seize dames et dix-huit jeunes filles composent tout son entourage. A la mort de Charles VIII, soit six ans plus tard, elles sont une centaine. Et, nouveauté : son premier chambellan est une femme : Hélène de Laval. Cette Cour comme « un pensionnat où l'on enseigne le maintien, la délicatesse, les travaux manuels tels que la broderie »[1]. Elle-même filait ; de même, Claude, sa fille bien-aimée, devenue reine, s'enfermera dans ses appartements et filera la laine, telle une épouse antique.

Des femmes effacées, ce n'est pas ce que souhaite le nouveau souverain ; il veut que la Cour change d'aspect, et

1. Paul Guth.

il y attire gentilshommes et dames car, dit-il, « une Cour sans femmes est une année sans printemps et un printemps sans roses... Et mieux ressemble une Cour d'un satrape ou d'un Turc que non pas d'un grand roi chrétien ». Ebloui par l'éclat des petites Cours princières d'Italie : Florence, Mantoue, Ferrare, Urbin, François Ier rêve de les surpasser.

Cette Cour présente une singularité : le nomadisme. Le roi reste rarement plus de quinze jours au même endroit ; à sa suite, la Cour se déplace entre Amboise ou Romorantin. Ensuite, St - Germain - en - Laye devient un nouveau centre ; Chenonceaux et Chambord suivront quelques années plus tard ; et Fontainebleau sera enfin un séjour de prédilection de François Ier. Quel tableau pittoresque offrent de telles caravanes en marche ! Ces perpétuels déplacements créent vraiment un grand branle-bas. Qu'on en juge ! Il s'agit de 12 000 chevaux et de 3 à 4 000 hommes de garde ou de service en errance de château en château. La Cour suit : les dames chevauchent ou voyagent en litière. Et toute cette troupe en mouvement entraîne des marchands de toutes sortes. Dans des chariots s'entassent coffres, tapisseries, sièges, literie, vaisselle.

« Tantôt, on s'arrête dans une maison royale que l'on meuble à l'instant ; tantôt on loge chez l'habitant » tant bien que mal. Ou encore, si le temps est favorable, on s'installe sous la tente. On imagine la tâche ingrate des fourriers du roi qui devancent la Cour pour préparer les cantonnements.

Et partout, on organise sans cesse des divertissements : fêtes, tournois, banquets, chasses...

Une telle vie est épuisante, mais dames et gentilshommes supportent vaillamment cette existence rude et bien inconfortable. Il est vrai que même dans leurs demeures seigneuriales, ils sont habitués à des mœurs qui peuvent surprendre. Ainsi, ils couchent fréquemment à plusieurs dans la même chambre quand ce n'est pas dans le même lit. Ce n'est donc pas le problème crucial ; mais ces déplacements, très coûteux absorbent une partie importante de leurs revenus. Aussi, nombreux sont ceux qui ne séjournent pas régulièrement à la Cour.

Un ambassadeur vénitien en fonctions à Paris, Marino Giustiniano se plaint de ces va-et-vient incessants. Il écrit dans son rapport au Sénat : « Mon ambassade dura quarante-cinq mois, j'ai été presque toujours en voyage. Peu de temps après mon arrivée à Paris, le roi partit pour Marseille ; nous traversâmes, par des chaleurs excessives le Bourbonnais, le Lyonnais, l'Auvergne et le Languedoc ; et nous partîmes en Provence. L'entrevue avec le pape, tellement différée que chacun croyait qu'elle aurait lieu en été, ne se fit qu'en novembre. Les ambassadeurs qui n'avaient emporté que les habits d'été durent s'habiller de nouveau pour l'hiver. Nous payâmes toutes les fourrures moitié au-dessus de leur valeur. Dans ce voyage, je perdis un cheval et un mulet. De Marseille, nous allâmes par la Provence, le Dauphiné, le Lyonnais, la Bourgogne et la Champagne jusqu'en Lorraine où le roi s'aboucha avec le landgrave de Hesse, et de là nous retournâmes à Paris. Je vous assure sur la foi que je dois à votre sérénité que ce voyage d'une année entière me coûta six cents écus au-dessus de la pension que je recevais de l'Etat. Le change de Lyon à Venise haussa de dix pour cent car alors tout le monde tirait sur cette place ; et le pape Clément, à lui seul, négocia pour 40 000 écus.
Quand je suis revenu à Paris dans l'hôtel de mes honorables prédécesseurs, une écurie prit feu ; onze de mes chevaux furent brûlés, avec tous leurs harnais, et je n'en ai pu sauver que ma mule. Cette perte a été pour moi de 400 écus, car

j'avais tâché de me mettre sur un pied honorable. Une autre mésaventure m'arriva de cette même année. Le roi voulut partir ; je fus forcé d'acheter encore dix chevaux, et cela au moment où sa majesté convoqua son arrière-ban pour le passer en revue à cheval et en armes ce qui fit hausser de beaucoup le prix des chevaux. Et comme j'attendis en vain les subsides de votre sérénité, force me fut de vendre une partie de mon argenterie ; la cour ne s'arrêta dans le même endroit pendant quinze jours de suite ; elle se transporta d'abord en Lorraine, en Poitou, puis en différents lieux de la Belgique ; ensuite, en Normandie, dans l'Ile de France, en Normandie derechef, en Picardie, en Champagne, en Bourgogne. Ces courses exigeaient des dépenses excessives ; et non pas seulement moi, qui suis un pauvre gentilhomme, comme chacun sait, mais les seigneurs les plus riches s'en seraient ressentis. C'est pourquoi je finis par me recommander humblement à votre sérénité, et pour invoquer avec respect une marque de sa bonté, qui me prouve que l'Etat a bien voulu agréer mes services ».

Cette lettre est écrite vingt ans après l'avènement de François, mais il en fut ainsi pendant tout le règne. On imagine par ces péripéties ce que pouvait être la vie de Cour malgré les fêtes éblouissantes qui l'égayaient.

Elles furent nombreuses et d'un faste exceptionnel.

La première suivit de près l'avènement de François. Avec quelle joie triomphante Louise de Savoie note : « Le jour de la conversion de Saint Paul, mon fils fut oint et sacré en l'église de Reims. Pour ce, suis-je bien tenue et obligée à la divine miséricorde, par laquelle j'ai été amplement récompensée de toutes les adversités et inconvénients qui m'étaient advenus en mes premiers ans et en la fleur de ma jeunesse. »

C'est donc le 25 janvier que se déroule cette indispensable cérémonie conforme à une tradition désormais solidement établie. La mère et la sœur du roi sont particulièrement à

41

l'honneur. Elles sont aux côtés du roi et de la reine en ce jour tant souhaité. Accompagnée de sa fille et de son gendre le duc de Bourbon, vient seulement Madame la Grande. Quelle revanche pour la parente pauvre de jadis ! Le duc de Bourbon promu connétable dès l'avènement du roi en tint le rôle au dîner, debout derrière François, l'épée nue au poing. Il était vêtu d'une merveilleuse robe de drap d'or fourrée de martre-zibeline. Les chroniqueurs du temps constatèrent que dans cette compagnie pourtant si brillante, il n'y avait personne « qui fût si bien, ni si richement accoutré que ne l'était le dit sieur de Bourbon, connétable de France ».

Mais c'est le mari de Marguerite, premier prince du sang qui a l'honneur de chausser au roi ses éperons.

Autre jour de gloire pour le duc et la duchesse d'Alençon : le mois suivant, le roi est couronné à St-Denis, ce qui donna lieu à une fête « très excellente ». Et viendra l'entrée à Paris qui sera aussi un grand jour de triomphe pour le duc et la duchesse d'Alençon. Encadré par Messieurs de Bourbon et de Vendôme, le mari de Marguerite suivait immédiatement le roi, tandis que Marguerite, escortée par Anne de Beaujeu, venait après la reine ; Louise de Savoie était en litière avec la petite Renée de France, seconde fille d'Anne de Bretagne, âgée de cinq ans. Les fêtes se poursuivirent plusieurs jours, accompagnées de joutes et de banquets.

François Ier raffole des fêtes, certes, mais il a une égale passion pour la chasse qui « après les armes, est véritablement le plaisir des grands seigneurs, convenable à l'homme de cour car elle a une certaine ressemblance de guerre » écrivait Balthazar Castiglione dans : « Le courtisan ». Pour le site de ses palais, il recherche de profondes forêts lui permettant de se livrer à son passe-temps favori en compagnie de sa « petite bande » où est parvenue à s'intégrer Catherine de Médicis, épouse longtemps stérile du futur Henri II. C'est ainsi qu'elle fait sa cour au roi et évite l'annulation de son mariage, éventualité qu'elle redoutait tant ! Une curiosité : un singe de grande taille qui sait tirer à l'arc escorte la « petite bande » de François, dans ses chasses en Ile de France. Un soir, le roi s'égara et manqua périr de froid, réfugié dans une grotte où ses serviteurs le découvrirent en pleine nuit après de longues recherches.

Les tournois séduisent les courtisans, par goût des exercices violents, et aussi pour complaire au roi qui excelle dans tous les exercices d'adresse. De tels spectacles réjouissent la Cour.

Marguerite est de toutes les cérémonies, elle en est même l'âme, tenant la place de la reine disgraciée physiquement, beaucoup moins cultivée et souvent indisponible par de nombreuses maternités : elle donna au roi sept enfants en neuf ans. Etaient d'abord venues deux filles : Louise qui ne vivra que deux ans, et Charlotte dont la mort à l'âge de huit ans sera ressentie douloureusement par Marguerite et lui inspirera son premier poème. Puis, un dauphin avait été accueilli avec une joie extrême ; un second fils, Henri, l'avait suivi et s'étaient succédés : Madeleine, Charles et Marguerite. On comprend aisément que ces naissances si rapprochées aient altéré une santé déjà très déficiente et lui aient interdit de tenir son illustre rang. C'est ainsi que Marguerite fut amenée tout naturellement à la suppléer.

Sa faveur est à son comble, et son mari a reçu peu après l'avènement de François, la lieutenance du royaume, l'Armagnac et les gouvernements de Normandie et de Bretagne. De plus, le roi lui accorde, ainsi qu'à son épouse, le privilège de créer dans chaque ville de France un maître de chaque métier (source de profits, ces charges pouvant être vendues). Il va plus loin, en renonçant à la succession d'Armagnac en leur faveur. Ces biens avaient été confisqués par Louis XI aux Armagnac pour crime de lèse-majesté. C'est à ce titre que la Couronne en revendiquait la possession ; elle se heurtait aux revendications des héritiers directs – et ils étaient nombreux

– (le roi, Charles d'Alençon, le sire d'Albret, le cardinal de Luxembourg, Ymbert de Batarnay, sieur du Bouchage). Le duc d'Alençon était toutefois le plus proche. Cette générosité de François irrita le Parlement, mais le roi passa outre. Il donna même à Marguerite et à son mari les revenus du duché de Berry.

Il n'est pas de charge honorifique que le roi ne confie au duc qui contresigne les ordonnances royales, et reçoit les ambassadeurs aux côtés de son royal beau-frère. Les diplomates comprennent que c'est sa « mignonne » que le roi favorisait ainsi. Brandon, duc de Suffolk, futur époux de Marie d'Angleterre, écrit à Henri VIII pour lui conseiller de lui adresser une lettre « affectueuse ».

Devant de telles marques de tendresse, quels étaient à cette époque les sentiments de Marguerite ? Aucun document de sa main ne nous renseigne sur ce point. Nous savons seulement que fêtes et divertissements étaient loin de lui déplaire. Ne se disait-elle pas « de moult joyeuse vie, quoique femme de bien ». Comment en serait-il autrement ? Elle est si jeune ! Et la vie était bien morne à Alençon !

Voilà que le virus de l'Italie a gagné François Ier. Il part à la conquête du Milanais, emmenant son beau-frère avec lui. On imagine les angoisses de Louise et de Marguerite. Et, soudain, une grande nouvelle leur parvient : victoire de Marignan et entrée triomphante à Milan. Elles se mettent aussitôt en route avec la reine pour se rendre au-devant du triomphateur que célébrera l'heureuse mère : « Le 1er de septembre qui fut jeudi 1515, mon fils défit les Suisses auprès de Milan ; et commença le combat à cinq heures après midi, et dura toute la nuit et le lendemain jusques à onze heures avant midi ; et ce jour propre, je partis d'Amboise pour aller à Notre-Dame de Fontaines, lui recommander ce que j'aime plus que moi-même, c'est mon fils glorieux et triomphant César, subjugateur des Helvétiens ».

Elles entrent à Marseille en « grand triomphe », suivies de mille cinq cents chevaux, et en repartent à la rencontre du roi qu'elles rejoignent à Sisteron, dans une atmosphère de liesse générale. Elles le retrouvaient aussi gaillard que devant, malgré « tant de violences qu'il avait souffertes ».

Notons que, chemin faisant, tout en se laissant aller au bonheur de revoir son frère, Marguerite s'était intéressée à un problème religieux. Elle adresse au Parlement de Paris une lettre qui laisse deviner son goût profond pour les intérêts de la religion. Voici le fait : on avait tenté d'imposer au couvent d'Yerres (Hyères) un ensemble de réformes que nécessitait la mauvaise tenue du monastère. Cet essai s'était heurté à de vives résistances. Alors, au passage de la cour, les supérieurs du couvent sollicitèrent l'appui de Louise de Savoie, (régente en l'absence du roi). Marguerite prit les choses en main et s'adressa au Parlement pour que soient poursuivis les efforts entrepris. Ainsi, déjà à cette époque, elle suit avec sympathie les premières tentatives de réforme catholique.

Et les fêtes continuent : entrée triomphale du roi escorté des princes du sang à Marseille qui s'était surpassée. Et maintenant, en route pour Lyon, en suivant le Rhône par Tarascon. On ne sait si Marguerite se rendit à cette occasion au monastère de St-Honorat pour rendre visite à Claude de Bectoz, religieuse dont la réputation de sainteté et de savoir était déjà établie, ou si elle effectua cette démarche lors d'un autre séjour.

Le cortège royal n'atteint Lyon que fin février à cause d'un violent mistral.

Et l'on regagne Amboise où Marguerite reste jusqu'en décembre, saluée par les ambassadeurs, attentifs à plaire au roi. Jeux et fêtes se multiplient sans cesse.

Il faut songer maintenant au sacre de Claude à St-Denis. C'est Marguerite qui, deux ans après Marignan, le 9 mai a l'honneur de porter avec Mme de Vendôme la traîne du manteau royal de la reine. Quelques jours plus tard, entrée de Claude à Paris. C'est vraiment une cérémonie grandiose, et Marguerite est encore à l'honneur. Vêtue de drap d'or, montée sur une haquenée, avec quinze comtesses ou duchesses parmi lesquelles sa mère et sa belle-mère, elle escorte sa belle-sœur ». « Le Bourgeois de Paris », chroniqueur du temps, ne manqua pas de relater l'évènement. Il nous présente le cortège qui se rend à Notre - Dame, puis au Palais et se déroule pendant trois heures tant la foule est nombreuse, les archers de la ville, portant brodé sur la poitrine le navire, symbole de la cité, les sergents, les corporations, les artisans qui étaient une infinité, les magistrats, les corps constitués, – généraux de finance, chambre des comptes – les suisses de la garde vêtus de blanc et noir, les barons, les princes, les grands officiers, précédaient la Reine portée sur un char triomphal. Les dames suivaient à cheval ou en carrosse. Les fêtes ne se bornèrent pas là.

En août, François fait son entrée dans la ville de Rouen où la cour défile sous les acclamations de la foule. Et une grande joie bouleverse Marguerite : les Rouennais lui offrent une statue d'argent doré représentant Saint François.

Elle a le plaisir de recevoir François à Argentan et ne cesse de lui faire fête pendant les trois semaines de son séjour.

Là aussi, les bourgeois offrirent des cadeaux aux souverains ; et Marguerite ne fut pas oubliée : elle reçut, avec douze paires de gants ambrés, un baril de cotignac (confiture de coings) et six merles.

Ravi d'un tel accueil, le roi manifesta sa gratitude de façon réaliste : il confirma à sa sœur le don du duché de Berry et lui accorda une pension de vingt mille livres. Il est à remarquer qu'il prend soin de faire ces générosités à Marguerite en propre afin de lui assurer des revenus personnels, gage de son indépendance conjugale.

La cour s'attarde à Amboise, retenue par une nouvelle grossesse de Claude. De nouveau, Marguerite s'occupe de questions religieuses. Il se trouve que le couvent d'Almenesches, situé sur ses terres, est tombé dans une anarchie totale par suite de l'incompétence de l'abbesse, Germaine Vincent, « jeune d'années et de mœurs », de surcroît sans la moindre culture. Aucune règle monastique n'était respectée ! Alertée par l'évêque de Séez, Jacques de Silly, et l'abbé de St-Martin, désolés de la désobéissance aux réformes proposées par l'évêque dont les lettres d'obédience restaient lettre morte, Marguerite s'adressa au pape Léon X, le priant d'intervenir. Il ne fallut pas moins que la bulle de Léon X, et la nomination d'une nouvelle abbesse pour ramener le couvent en ébullition dans l'orthodoxie. La duchesse aurait été aidée dans cette tâche par une de ses anciennes demoiselles d'honneur. Par la suite, Marguerite fit des séjours dans l'abbaye rénovée où elle avait installé un logement.

C'est la seconde fois que nous la voyons s'intéresser à la réforme des couvents dont elle reconnaissait la nécessité ; elle est persuadée que le mal est profond et qu'il est urgent d'y remédier. Plus elle visite de couvents, plus elle constate d'abus et se trouve confirmée dans cette opinion.

Bientôt, elle se penchera sur des questions plus élaborées dans le domaine religieux et se préoccupera des problèmes du dogme. Mais, pour l'instant, ses goûts la portent encore vers les plaisirs du monde ; l'heure n'est pas encore venue de son entrée en lice aux côtés des préréformateurs.

D'ailleurs, il lui faut tenir un rôle à la cour pour remplacer Claude qui donne naissance au dauphin tant espéré. Une action de grâces s'organisa aussitôt, suivie pieusement par l'heureux père et Marguerite, marraine du nouveau-né, le parrain étant le pape, représenté par le duc d'Urbin. On peut imaginer les fêtes extraordinaires du baptême célébré deux mois plus tard en avril.

Peu après, le 2 mai, plus sensationnelles encore furent les fêtes en l'honneur du mariage de Madeleine de La Tour d'Auvergne avec le duc d'Urbin.

Cette union dont sera issue Catherine de Médicis est célébrée pendant un mois plein.

Voyons le récit de Fleurange, ami d'enfance du roi : « Et fut, pendant huit jours durant, le combat dedans les lices et hors les lices, et à pied et à la barrière. Le duc d'Urbin y participait, qui faisait le mieux qu'il pouvait devant sa mie. Ce fut le plus beau combat qu'on ait jamais vu et le plus approchant du naturel et de la guerre. Mais le passe-temps ne plut pas à tous, car il y en eut beaucoup de tués et d'affolés. Cela fait, on se départit, qui fut chose malaisée ; c'eût été bien pire, si chevaux et gens n'eussent été hors d'haleine, car tant qu'haleine leur dura, ils combattirent. »

On peut s'étonner de voir des réjouissances de mariage endeuillées par des joutes aussi dangereuses. Mais la témérité de François Ier était sans bornes et fit trembler plus d'une fois Marguerite et sa mère, admiratives mais effrayées.

Déjà, au début du règne, lors du mariage de Renée de Bourbon avec Antoine, duc de Lorraine et de Bar, célébré à Amboise, un jeune sanglier capturé d'ordre du roi et conduit dans la cour du château, parvient à s'échapper ; on imagine la panique... Sans se troubler, le roi s'avance, écarte les seigneurs, et sortant son épée, tue l'animal furieux, Louise de Savoie fut bouleversée au point de s'aliter.

Il est permis de se demander si pareils exploits ne sont pas incompatibles avec les responsabilités d'un chef d'État.

Si Marguerite participait à tous les divertissements, elle n'oubliait pas la vie de l'esprit. Marot lui fut présenté de la part du roi par le seigneur de Pothon, prié par le poète dans le rondeau suivant :

Là où savez, sans vous ne puis venir,
Vous êtes cil (celui) qui pouvez subvenir

Facilement à mon cas et affaire
Et des heureux de ce monde me faire,
Sans qu'aucun mal vous en puisse advenir.
Quand je regarde, et pense à l'avenir,
J'ai bon vouloir de sage devenir :
Mais sans support je ne puis traire
Là où savez.
Mais fortune a voulu maintenir
Et a juré de toujours me tenir ;
Mais, Monseigneur, pour l'occire et défaire,
Envers le Roi veuillez mon cas parfaire,

Et que par vous, je puisse parvenir
Là où savez.

Il fut accepté par Marguerite en qualité de valet de chambre
(secrétaire et poète). Nous le retrouverons car il sera un des
familiers de Marguerite qui lui témoignera un sincère et fidèle
attachement. Il est avec Brodeau le premier homme de lettres
qu'elle prendra à ses gages. Il rime une ballade « pour être
couché en son état », afin de la remercier, et il ne cessera de
la chanter avec gratitude.

Elle est toujours à l'honneur, marraine du second fils du
roi : Henri, filleul du roi Henri VIII représenté à la cérémonie
par son ambassadeur Thomas Boleyn, père de l'infortunée
Anne. Peu après, elle fonde à Essai un monastère destiné à
remplacer l'hôpital où elle a déjà introduit vingt religieuses
de la Pénitence. L'appui du pape ne lui fait jamais défaut :
il lui accorde toutes les autorisations nécessaires ainsi que
l'absolution de toute censure ecclésiastique. Aussitôt, elle
règle « l'entretennement » des religieuses du nouveau couvent
fondé, disait-elle, « pour le salut de son âme en reconnaissance
des grands biens reçus de Dieu et pour obtenir de sa
miséricorde infinie, pardon et rémission ». Cette charte,
signée de Poitiers, la montre en parfaite orthodoxie et

soucieuse des monastères où elle fera de pieuses retraites.

Elle est heureuse d'accompagner son frère lors d'une visite à ses vassaux de l'Angoumois, qu'il n'a pas vus depuis son avènement voici cinq ans. Le dimanche 19 février 1520 voit l'entrée triomphale à Cognac de ce roi, fils des Charentes, de Marguerite, si attachée à ce coin de terre et de la cour. Avec quelle ferveur la population les reçoit !

Marot, tout à la joie de vivre, lui, l'éternel besogneux, dans cette atmosphère de gaieté, de luxe et de poésie, lui dédie des vers émus où il chante ses éclatants mérites :

« ... il ne fut en louable renom,

Depuis mille ans une telle duchesse. »

Il célèbre la beauté, la gaieté, l'« esprit évangélique » de sa protectrice

« corps féminin, cœur d'homme et tête d'ange. »

Trois mois plus tard, une entrevue entre François Ier et Henri VIII va donner lieu à des festivités qui dépasseront en somptuosité toutes les fêtes précédentes. D'ailleurs, l'histoire l'a retenue sous le nom d'entrevue du « Camp du drap d'or ».

Louise de Savoie mentionne simplement : « Le 7 de juin 1520, qui fut le jour de la Fête-Dieu, environ six, sept et huit heures après midi, mon fils et le roi d'Angleterre, se virent en la tente dudit roi d'Angleterre, près Guynes ».

Le but était de sceller une alliance entre les deux monarques. Ce fut un duel de dépenses extravagantes. Les seigneurs français vendirent, engagèrent prés, châteaux et métairies pour porter velours, satins, draps d'or, bijoux, chaînes d'or surtout comme en arboraient les Anglais. Wolsey, cardinal–ministre–favori du roi anglais voulait flatter son maître par une grande fête chevaleresque. Les rivalités d'Anglais à Français et même entre compatriotes s'expliquent par le désir de briller devant les dames. Les deux reines étaient présentes, mais la dévote Catherine d'Aragon était aussi effacée que la chétive Claude de France. Le soleil de la cour française était la séduisante Françoise de Chateaubriant, fille du fameux comte Phébus, de la race royale de Foix, favorite près de son déclin ; n'a-t-elle pas commis l'erreur inexpiable de se heurter à l'altière Louise de Savoie qui, vindicative, s'emploie à ruiner son crédit auprès du roi ?

Parmi les seigneurs français, ne tardent pas à s'affronter le sombre Charles de Bourbon, connétable depuis le début du règne et le hâbleur Gouffier de Bonnivet, favori de François Ier. Le premier est encore engagé dans les liens du mariage, mais son veuvage semble bien proche, sa femme Suzanne, fille d'Anne de Beaujeu étant très gravement malade. C'est vers Renée de France, fille cadette de Louis XII que se tournerait le jeune connétable à défaut de Marguerite, hélas mariée. Son sentiment pour la duchesse d'Alençon n'est pas un secret ; et il indispose fort Bonnivet, grand favori de François Ier, soupirant, lui aussi de Marguerite. Celle-ci dédaignait tous les amants, fidèle en cela à sa devise : « Non inferiora secutus » (je ne suivrai rien d'inférieur). Les deux clans s'observaient, hostiles. Un gentilhomme de Bourbon, Pompéran, poussa le zèle jusqu'à tuer un homme du parti adverse.

L'entrevue entre les deux souverains eut lieu le 7 juin comme l'indiquait Louise dans son « journal ». François partit d'Ardres et Henri, de Guines. François était à cheval, faisant porter l'épée royale devant lui par le connétable de Bourbon. Henri fit alors porter de même l'épée d'Angleterre ; ils s'embrassèrent avec effusion. Est-il exact que l'Anglais, ayant remarqué l'allure de Bourbon, dit au roi : « Si j'avais un tel sujet, je ne lui laisserais pas longtemps la tête sur les épaules » ?

Un banquet royal fut dressé. Dès le lendemain, on fit les lices qui remplirent toute la vallée. Des échafauds immenses étaient préparés pour les dames et la noblesse. Puis, çà et là, s'édifiaient des pavillons improvisés d'un luxe inouï. Le plus merveilleux était le palais d'Angleterre, un Windsor de verre lumineux recevant par cent cristaux et renvoyant le soleil.

Les tournois commencèrent devant les dames. François, oubliant le but de la rencontre, mit son adversaire à terre, attitude impolitique, s'il en fut. Son rival, le cœur gros, rumina sa rancune. Wolsey avait été frappé par la vive intelligence de Marguerite, elle, de son côté avait sympathisé avec le favori qu'elle appelait même son « père spirituel ». Mais l'ambitieux cardinal désirait la tiare ; il comprit qu'il ne pouvait l'obtenir du roi de France ; alors, il attisa l'amertume de son maître ; et, la chaleur du début fit place à une froideur visible. L'Anglais alla tout droit à Gravelines où l'attendait Charles-Quint qui se fit humble devant Wolsey comme devant le roi. Ainsi, cette entrevue, si riche d'espoir, se tournait contre la France.

L'année suivante commença sous de fâcheux auspices : les armées de Charles-Quint surgissaient aux frontières. Le duc d'Alençon, nommé lieutenant-général aux armées en Champagne, concentra ses troupes au camp d'Attigny et prépara la défense en fortifiant Nouzan, Danchery, Mézières. Montmorency et Bayard le secondaient. Son épouse, au loin, s'inquiétait ; elle ne recevait aucune nouvelle de son mari ; heureusement, Marot qui suit le duc au camp à titre de chroniqueur, la renseigne en termes flatteusement exagérés.

Marguerite, à Dijon avec le roi et la cour, doute fort des capacités de son mari. Aussi, a-t-elle l'idée d'écrire à l'évêque de Meaux : Briçonnet, prélat renommé, dont elle sollicite les prières pour Charles et pour elle, entraînée dans de si hautes affaires ; « car il me faut mêler de beaucoup de choses qui me doivent bien donner crainte ». En effet, son frère, voyant que ses conseillers habituels s'étaient fourvoyés, se tourne vers Marguerite dont tous reconnaissent la supériorité. Pour la première fois, elle voit ce frère triste et découragé, enveloppé dans un grand péril. Les bois de St-Germain où ils passent l'hiver ne sont pas plus sombres que la situation : la France attaquée, la Picardie brûlée, une descente anglaise imminente...

Et l'Italie perdue par la défaite de Lautrec, frère de Françoise de Chateaubriant, Venise notre alliée, entraînée dans notre ruine...

Marguerite traverse à cette époque une crise de profonde tristesse aux causes multiples. Elle souffre de sa stérilité, d'autant plus que cette disgrâce est jugée à l'époque comme une malédiction frappant d'un certain discrédit l'épouse inféconde. Elle juge le duc comme le pauvre sire qu'il est ; si encore il lui témoignait quelque intérêt ! Mais non, elle est « veuve de cœur dans son triste mariage ». Les dangers du royaume lui sont une nouvelle source de tourment ; elle n'a pas encore autour d'elle les amis qui l'entoureront un jour. Les fêtes des premières années du règne ont pu l'enivrer, elle n'est pas femme à s'en contenter toujours. Comment ne tournerait-elle pas vers la religion sa soif d'aimer ?

Il se produisait alors partout un retour vers Dieu. Les âmes sincèrement pieuses déploraient les erreurs de la papauté, plus préoccupée de politique que de religion. Elles s'indignaient de l'attitude d'un clergé trop souvent inférieur à sa mission : ignorance grossière des uns, cupidité sans bornes des autres ; comment admettre le trafic des choses saintes, cette vente « d'indulgences » assurant aux riches l'accès du paradis, alors que, dans le même temps, des prédicateurs, véritables « comédiens de la chaire », effrayaient le petit peuple par la menace constante des flammes de l'enfer. Aussi, pour conjurer ces dangers terrifiants, ces humbles se tournaient-ils vers des cultes idolâtres de la Vierge et des saints, proches des pratiques du paganisme. Comme l'écrit Pierre Miquel : « Dieu était oublié dans ce panthéon de saints ». Quant aux mœurs du clergé, elles étaient souvent scandaleuses.

MARGUERITE DE NAVARRE

L'imprimerie, en permettant une diffusion plus grande de la Bible, préparait les esprits à un renouveau. L'on réclamait, à la lecture de l'Écriture sainte, une religion plus vivante, et proche de l'Église primitive.

Or, voici qu'arrive à Meaux un nouvel évêque, d'une foi ardente, et agissante, fortement convaincu de la nécessité d'une réforme profonde, et il va s'y employer aussitôt. Guillaume Briçonnet appartenait à une famille très importante ; son père financier, avait été général du Languedoc, puis conseiller des finances très écouté de Charles VIII. A la mort de son épouse, il était entré dans les ordres dans l'espoir d'accéder à la pourpre cardinalice. Il y parvint en effet par la protection du roi, Charles, le pape ne pouvant rien refuser au souverain entré en vainqueur à Rome. Et, à la mort de son frère Robert, grand chancelier de France et archevêque de Reims, à force de pressions sur le chapitre, il se fit élire à l'unanimité moins une voix. Et c'est lui qui eut l'honneur de procéder dans la célèbre cathédrale au sacre de Louis XII.

Quant à son fils, le nouvel évêque de Meaux, il avait la confiance de François Ier au point d'avoir été chargé de négocier le Concordat avec le pape. Tel est le prélat auquel s'adresse Marguerite en désarroi. Elle l'avait connu par un autre Briçonnet, évêque de Nîmes, cousin du précédent ; vice - chancelier d'Armagnac, il faisait partie de sa maison.

Une correspondance régulière va se poursuivre pendant plusieurs années entre la duchesse d'Alençon et l'évêque réformateur. On est surpris du style emphatique et souvent obscur de Mgr. Briçonnet. Et l'on ne peut comprendre que Marguerite ait pu se complaire si longtemps dans cette correspondance plutôt décevante. Faut-il qu'elle soit désemparée ! Un jour, elle se rend avec sa mère à Meaux et l'évêque saisit avec empressement cette occasion de l'entretenir longuement et d'assurer avec plus de force son influence sur elle. Et Monseigneur Briçonnet ne cessera de l'exhorter à

54

remplir la mission qu'elle a reçue de Dieu : la rénovation de l'Église de France ! Dans son langage allégorique, il lui écrit : « Vous n'êtes qu'un raisin de sa grand'vigne : l'Église qui est en tel désordre que chacun voit. » Elle ne demande qu'à être poussée dans cette voie et se félicite que le « grand organiste qu'il est veuille bien s'occuper de ses « petits tuyaux ». La voilà gagnée à son tour par ce style bizarre. Elle prie son directeur de conscience, de « lui envoyer les miettes des viandes restaurantes et fortifiantes, en sorte que sa vieille mère, envieillie en sa première peau, puisse par cette douce et ravissante parole, renouveler sa vieille peau, et être repolie, arrondie et blanchie ».

Ailleurs, elle se déclare « gelée, altérée, affamée, il lui faut la manne, l'eau et le feu divin pour la soutenir dans le désert où elle erre ». Mais parfois, elle avoue ne pas toujours percer le sens des épîtres de son confesseur : « Démétaphorisez-vous », écrit-elle. Et Marguerite s'accuse avec humilité de l'imperfection de son esprit qui ne lui permet pas de pénétrer toujours le sens de ces lettres si « consolables » qu'elle en est éblouie.

Elle est acquise aux idées de l'évêque, mais il la souhaiterait plus active. Il a appelé auprès de lui des hommes remarquables : le célèbre humaniste Lefèvre d'Etaples qui veut mettre à la portée de tous « les précieuses marguerites de l'Écriture sainte ». Il appelle à son tour Gérard Roussel, Pierre Caroli, Mazurier, Guillaume Farel, célèbres prêcheurs, Michel d'Arande, envoyé comme lecteur biblique à Marguerite et à sa mère, d'autres encore moins connus mais non moins sincères. Ces bibliens appelés « bélîtriens » par leurs adversaires constituent le cénacle de Meaux, qui a toutes les sympathies de Marguerite, heureuse de trouver un évêque proche du peuple « l'évêque de tout le monde, à l'image du grand évêque et prêtre éternel dont il est le ministre ».

Après différents écrits qui ont ému la Sorbonne, Lefèvre

d'Étaples publie son « Commentaire latin sur les Évangiles » dont la préface a été appelée « le manifeste de la Réforme en France ». Il adjure tous les chrétiens de ramener la religion à sa pureté primitive qui n'avait d'autre règle que l'Évangile, d'autre culte que celui du Christ. Et il entreprend une traduction de la Bible en langue vulgaire. Il publie le Nouveau Testament, puis les Psaumes, enfin l'Ancien Testament quelques années plus tard.

« Mon fils, disait-il au plus ardent de ses disciples, Guillaume Farel, Dieu renouvellera le monde, et tu en seras le témoin. » Les prêches des amis de l'évêque Briçonnet enthousiasment la population, surtout les humbles ouvriers agricoles, ainsi que les cardeurs et peigneurs de laine très nombreux dans la ville de Meaux, centre agricole et fabrique capitale des laines qui habillaient les provinces voisines.

Mais la Sorbonne qui avait déjà inquiété Lefèvre quand il vivait à Paris, se dresse avec violence contre le cénacle de Meaux et entame des poursuites contre la traduction des Évangiles publiée par le vieil humaniste. Alors, on voit le poids de l'intervention de la sœur du roi : défense est faite au doyen de la Faculté de continuer l'examen des ouvrages incriminés ; et l'orthodoxie romaine de Michel d'Arande est affirmée par le chancelier en présence de la Faculté assemblée.

Mais bien des fidèles exaltés de Briçonnet vont se montrer imprudents : à Noël, une bulle du pape publiant des indulgences est déchirée dans une église de Meaux et remplacée par un placard où le pape est traité d'Antechrist. Puis, une main inconnue lacère dans la cathédrale une invocation à la Vierge, ce qui met l'évêque en difficulté et le contraint à excommunier les auteurs de ces « forfaits exécrables ». Les persécutions vont commencer. On fouette publiquement Jean Leclerc, pauvre cardeur de laine accusé d'être un des coupables. Tous les ouvriers de la laine se reconnaissent en lui. Il est promené trois jours dans la ville et marqué au front d'une fleur de lis. Sa mère, présente au supplice, aurait crié : « Vivent Jésus-Christ et ses enseignes ! »

Le roi est bien loin, captif en une geôle madrilène, et sa sœur a volé à son secours ; le cénacle de Meaux est privé de toute protection, d'autant plus que la régente Louise de Savoie croit nécessaire de se rapprocher de l'Église. Et la Sorbonne juge hérétiques les œuvres de Lefèvre d'Étaples. Elle est soutenue par le Parlement qui obtient un bref du saint-père lui donnant droit de déléguer deux de ses membres pour juger sans appel les hérétiques. Sur l'avis conforme de la Sorbonne, toute l'œuvre de Lefèvre est condamnée en bloc. Lui-même, cité à comparaître devant les commissaires du pape se réfugie à Strasbourg avec Gérard Roussel. Quant à Briçonnet, il fait amende honorable, multiplie les actes de soumission et se prête même à une humiliante cérémonie de rétractation publique dans ses églises de Meaux en présence du premier président du parlement et du commissaire du pape.

Le cénacle de Meaux a vécu... mais toute sa vie, Marguerite restera fidèle à son esprit. A la même époque, en Italie, une expérience analogue à celle de Meaux était tentée par Gian Matteo Giberti, évêque de Vérone. Il s'agissait d'un grand personnage, dataire, c'est-à-dire à peu près premier ministre du pape Clément VII. Au lendemain du sac de Rome (1527), il quitte le pape pour rejoindre son diocèse et s'empresse d'épurer les mœurs du clergé, oblige les prêtres à prêcher l'Évangile du Christ en toute simplicité de cœur. Il appelle des prédicateurs qui renforcent les curés des paroisses, et s'occupe d'œuvres sociales, y portant un véritable esprit évangélique. Une société groupant prélats et laïcs surveille et améliore l'assistance médicale et le régime des hôpitaux, s'occupe des plus déshérités : orphelins, filles-mères, mendiants.

Il ne dédaigne pas pour autant la culture. Dans sa maison

de Vérone, il fait monter une imprimerie dotée de caractères grecs, étudie l'Écriture dans le texte original, recueille des humanistes, fait étudier les Pères autour de lui. Il est un ami de la « Divine » Vittoria Colonna, l'admirable poétesse aimée de Michel-Ange, veuve du marquis de Pescaire, un des vainqueurs de Pavie.

Que d'analogies avec l'évêque de Meaux ! Mais si l'expérience réussit à Vérone, c'est qu'elle fut contenue dans le strict esprit évangélique, tandis qu'à Meaux, de nombreux fidèles allèrent au-delà et se dressèrent contre le pape. Tout s'explique, selon Lucien Febvre, par une évolution historique d'une vaste amplitude : « à cette époque, la Chrétienté est grosse d'un avenir tumultueux, bouillonnant de contradictions : élégantes clartés du modernisme érasmien, violences prophétiques et révolutionnaires de Martin Luther, véhémences d'un Farel, mais aussi, disciplines passionnées d'un Ignace de Loyola ».

Marguerite angoissée a-t-elle trouvé auprès de Briçonnet les consolations qu'elle en espérait ? De nouvelles épreuves sont venues, très cruelles. Sa première lettre la montrait affligée du départ en Savoie de sa tante Philiberte qui lui était très chère. Trois ans plus tard, Philiberte n'est plus ! Et Marguerite qui signe : « La vivante en mort » pleure « non celle qui a son désir accompli (Philiberte) mais celle qui n'a commencé à désirer » (elle-même encore très attachée à la vie).

Nous ne citerons qu'une phrase de la réponse de l'évêque afin de donner une idée de l'étrangeté de telles condoléances ; la lettre entière est vraiment indigeste : « ... me promettant une heure pour pleurer, non la bonne tante, morte-vivante, ayant désemparé son navire et mis pied en terre des vivants, mais les pauvres encore fluctuants et voltigeants en la grand mer... » Suivent de nombreuses allégories de celui qui signe : « Votre inutile fils et indigne ministre ».

Entre temps, la duchesse douairière d'Alençon quittait ce monde, entourée des religieuses du couvent où elle s'était retirée. Un beau jour de Toussaint, sentant venir sa fin,
« Dit : « L'heure vient qu'il veut que je le voie,
Ce doux époux, cet ami perdurable,
Qui rend la mort sans crainte désirable. »
....
Et en disant : « Jésus, Jésus, passa
Du val de pleur au mont de tout plaisir. »
Et maintenant, alors que le roi s'éloigne pour la guerre, c'est Claude, la pauvre reine si effacée, qui s'éteint doucement... Un mois après sa mort, Marguerite écrit à Briçonnet (31 août 1524) : « Dieu nous avait donné une reine de qui se peut dire ce que de nulle autre, avait laissé au royaume les plus beaux dons dont soit mémoire : c'est bonne renommée des vertus, grâces et bonté dont Dieu l'avait douée ; figure telle qu'au souhait d'un chacun n'eût su être plus belle et parfaite de trois fils et quatre filles... remettant toutes ordonnances de son testament en la main de son seul très aimé mari... lui donnant le duché de Bretagne, et, après sa mort, à son fils aîné, pour perpétuer union en ce royaume. Confessée, et... en bon sens et parole jusques à la fin, s'en est allée, comme j'estime, en joie, laissant à ses amis tristesse telle que j'ai grand peur que la santé de Madame s'en diminue trop...

D'autre part, le Roi ne fait moins, que nous laissâmes à Bourges attendant la fin ; mais voyant qu'elle approchait, fit un merveilleux deuil, disant à Madame : « Si je pensais la racheter par ma vie, je la lui baillerais de bon cœur. Et n'eusse jamais pensé que le lien de mariage conjoint de Dieu fût si dur et difficile à rompre ! Et en larmes, nous partîmes, et n'avons eu nouvelles de ce qu'il en a su, mais je crains fort qu'il le porte à peine. »

Voilà bien Marguerite, prompte à s'illusionner sur l'intensité de la douleur de sa mère et de son frère bien moins touchés qu'elle. Si l'on en croit la rumeur publique, Madame fut loin d'être une belle-mère plaisante. Quant au roi, il cessera bientôt d'y penser.

Plus réaliste est Marot, écrivant :

« Esprit lassé de vivre en peine et deuil,
Que veux-tu plus faire en ces basses terres ?
Assez y as vécu en pleurs et guerres ;
Va vivre en paix au ciel resplendissant. »

Autre coup du sort : la seconde fille du roi : la petite Charlotte, âgée de huit ans, tendrement aimée de sa tante, enfant qui donnait de grandes espérances, tombe malade d'une rougeôle compliquée d'une forte fièvre et succombe en septembre. Cette mort bouleverse Marguerite et lui inspirera son premier poème : « Dialogue en forme de vision nocturne ». Il sera publié quelques années plus tard avec la seconde édition du « Miroir de l'âme pécheresse », œuvre qui soulèvera de grands remous et que nous développerons à ce moment.

Nous avons un peu anticipé sur les événements militaires pour épuiser les deuils qui atteignent si douloureusement Marguerite en trois ans à peine. Quand elle s'était tournée vers l'évêque de Meaux, elle partageait la tristesse et le découragement du roi devant le péril extérieur.

Et la situation s'était aggravée par suite de la défection du prince le plus puissant du pays, chef de l'armée de surcroît ; il s'agit de Charles de Montpensier, connétable de Bourbon, gendre très aimé d'Anne de France, dame de Beaujeu, duchesse de Bourbon, ancienne régente pendant la minorité de Charles VIII et même un peu au-delà, fille aînée de Louis XI, la « moins folle femme de France » selon son père qui n'en connaissait point de sages. Fils de Gilbert de Montpensier et de Claire de Gonzague, il appartenait à la maison Bourbon-Montpensier, plus proche du trône que la branche Bourbon-Vendôme dont sera issu Henri IV ; en effet, ils descendent tous du comte de Clermont en Beauvaisis, sixième fils de Saint-Louis, mais les premiers tiennent leurs droits de l'aîné des petits-fils : Pierre Ier, tandis que les autres descendent de son frère cadet : Jacques, comte de la Marche.

Ses biens et sa fortune sont immenses, tant de son fait que de son union avec Suzanne, fille unique de Madame la Grande. Dès son avènement, François Ier l'avait élevé à la dignité de connétable, sans doute poussé par sa mère qui s'était prise de passion pour cet adolescent de douze ans et demi son cadet. Il est à peu près établi qu'une liaison naquit entre eux, passagère dans l'esprit du jeune duc, définitive pour Louise de Savoie.

Après une longue stérilité, Suzanne mit au monde un beau garçon dont la naissance combla tous les vœux de sa famille. Prié d'en être le parrain, François Ier accepta volontiers, et le baptême eut lieu trois mois plus tard à Moulins, capitale de son duché. Le roi fut accueilli avec un faste inouï dont la somptuosité surprit ; il y vit une dangereuse ostentation et s'effraya d'avoir un tel sujet. De ce jour, le prince était ruiné dans l'esprit de François Ier. Et les envieux ne manquaient pas à la Cour, en premier lieu, le favori, Bonnivet dont la famille avait jadis été vassale de celle du connétable. Enrichi par la faveur royale, il avait fait édifier un magnifique château dans la région de Châtellerault, et un jour que le connétable et le roi voyageaient de compagnie, ce dernier prit plaisir à lui faire admirer ce château tout neuf.

— La cage est trop belle, trop grande pour un tel oiseau.

— Ce que vous en dîtes, répondit François Ier, vexé, c'est par envie.

— Comment Votre Majesté peut-elle croire, repartit le Connétable, que je porte envie à un gentilhomme dont les ancêtres ont été écuyers des miens ?

61

Puisque nous sommes sur ce sujet, qu'il soit permis d'ouvrir une parenthèse qui nous révèlera un Bonnivet fort entreprenant qui s'exposera à une cruelle mésaventure. Brantôme tenait l'histoire de sa grand-mère, familière de Marguerite d'Alençon. Bonnivet reçut dans cette belle demeure François Ier, Marguerite et la Cour. La chambre de Marguerite était située au-dessus de celle de l'amiral ; un escalier secret aboutissait à une trappe située dans la ruelle de la duchesse. Tout dort, lorsque le galant s'introduit dans la chambre de celle qu'il poursuit en vain de ses assiduités, et pénètre dans son lit. Réveillée en sursaut, Marguerite se défend avec une belle vigueur, tant et si bien que l'audacieux doit rebrousser chemin, honteux comme un renard qu'une poule aurait pris ; son visage portait les traces des coups qui l'avaient martelé ; aussi, détail savoureux, dut-il rester calfeutré, la tête enveloppée, prétextant une forte fièvre, tant que subsistait la moindre marque accusatrice. Sur le moment, Marguerite indignée voulait se plaindre au roi, mais la sage Mme de Châtillon lui conseilla le silence, puisque mal ne résultait pour elle de cette aventure ; elle s'apaisa, et se contenta de faire de cet épisode une nouvelle de son « Heptaméron ».

Mais revenons au Connétable qui, épris, lui aussi de la duchesse, mais très réservé dans ses mœurs, n'eût jamais tenté action aussi déloyale.

Auprès du roi, quelqu'un le dessert : Louise de Savoie qui croyait épouser le connétable dès son veuvage, jugé imminent. Non seulement, il se refusa à l'union tant souhaitée par la mère de François, mais encore il eut la maladresse de railler cette femme vindicative dont l'amour se mua en une haine implacable. L'occasion se présenta de lui nuire dangereusement : par testament, Suzanne lui avait légué tous ses biens. Louise, revendiqua cet héritage en invoquant sa proche parenté ; un procès fut engagé ; l'issue n'en pouvait être douteuse. Bourbon risquait de n'être plus qu'un petit gentilhomme. Mariage ou ruine, tel était le dilemme imposé !

De plus, nulle vexation ne lui était épargnée ; la plus cruelle fut une injustice particulièrement ressentie par le Connétable : de par son titre, il devait avoir le commandement de l'avant-garde ; celui-ci lui fut retiré au profit du duc d'Alençon qui n'avait jamais fait preuve de compétence, alors que lui, Bourbon, avait témoigné de réels talents militaires. C'en était trop pour celui que François appelait le « mal endurant ». A la mort de sa belle-mère et protectrice, Anne de France, il se jugea dégagé de tout service à l'égard d'un suzerain qui en usait si mal envers lui, et il mit son épée au service de Charles-Quint.

C'est ainsi qu'on le trouve bientôt en Provence menant l'armée impériale. Il entre dans Aix et rêve d'être roi, comptant sur l'ancienne chimère des Provençaux, d'être un royaume à part, royaume conquérant, qui eut jadis les Deux - Siciles. Il entre dans Aix, et veut aller en Dauphiné, prendre Lyon et le Bourbonnais. Là, il soulèverait ses vassaux, et la France centrale pour emporter Paris. Mais le Conseil de Madrid craignait cet aventurier, et tandis qu'il voulait s'élancer de toute sa fureur, les Espagnols lui déclarèrent froidement que, seule, Marseille les intéressait. Le siège de la ville commença. Bourbon se flattait d'avoir des intelligences dans la place – ce qui était exact – mais ces notables furent contraints à l'inaction car la population se dressa toute contre l'envahisseur, aidée par une vaillante légion italienne commandée par Renzo (Orsini). Ainsi, contre un Français, la France fut défendue par un Italien : Et les gens chantaient :
> Quand Bourbon vit Marseille,
> Il a dit à ses gens :
> Vrai Dieu ! quel capitaine
> Trouverons-nous dedans ?
> Il ne m'en chaut d'un blanc

D'homme qui soit en France,
Mais que ne soit dedans
Le capitaine Rance.

Tandis que Bourbon s'attendait à la reddition du port, il ne reçut que des boulets, et le marquis de Pescaire, Italien au service des Impériaux ironisa : « Ce sont vos Marseillais qui viennent, la corde au cou, vous apporter les clés. »

Les Espagnols durent s'enfuir précipitamment, poursuivis par l'armée française qui pénétra en Italie à leur suite. François Ier est à sa tête. Sa mère et sa sœur l'avaient accompagné jusqu'à Bourges, puis étaient retournées à Blois. Après la mort de la reine et de Charlotte, elles allèrent à Lyon pour être plus près de François et des nouvelles. Elles se réjouirent de la prise de Milan. Mais tout changea devant Pavie : le roi subit une terrible défaite et, après avoir soutenu quelque temps la bataille avec une vaillance admirée des ennemis, il fut fait prisonnier et rendit son épée au général espagnol Lannoy. Il se fit un massacre des premiers hommes de France : La Trémouille, La Palice... Bien d'autres... Et Bonnivet ? Eh bien, il ne finit pas mal du tout, Bonnivet. Se souvenant du dernier Conseil où il avait si chaudement plaidé pour l'attaque, contre l'avis des chefs militaires les plus expérimentés, il jugea son honneur engagé ; seule, l'expiation laverait sa mémoire. Jetant alors son heaume pour être plus facilement atteint, gorge découverte, il se précipita vers la mort.

Pendant ce temps Marguerite et sa mère attendent dans l'angoisse les nouvelles. Elles ne vont pas tarder... Le 28 février, vers minuit, un cavalier harassé de fatigue heurte la porte du Pont du Rhône. C'est le sieur de Montpezat, envoyé extraordinaire du roi. On réveille la régente... Elle surmonte sa douleur, et déclare avec dignité : « Le Roi est prisonnier, mais la France reste libre. »

Chapitre III

Le roi, captif, languit en Espagne où il a été transféré.
Marguerite – qui vient de perdre son mari – vole au secours
de son frère dans l'espoir de fléchir Charles-Quint. Son retour
précipité va précéder de quelques mois celui de François Iᵉʳ.

Donc, le roi est prisonnier ! De la forteresse de Pizzighettone
où il est retenu, il écrit à sa mère, régente du royaume, la
lettre fameuse inscrite dans tous les manuels scolaires et
résumée par la brève mais expressive formule : « Madame,
tout est perdu, fors l'honneur ». En voici le texte :

« Madame, pour vous faire savoir comment se porte le reste
de mon infortune, de toutes choses, ne m'est demeuré que
l'honneur, et la vie qui est sauve. Et pour ce que, en votre
adversité, cette nouvelle vous fera un peu de réconfort, j'ai
prié pour qu'on me laissât écrire, ce que l'on m'a aisément
accordé, vous suppliant ne vouloir prendre l'extrémité
vous-même, en usant de votre accoutumée prudence : car j'ai
espérance à la fin que Dieu ne m'abandonnera point, vous
recommandant vos petits-enfants et les miens, et vous
suppliant faire donner passage à ce porteur pour aller et

65

retourner en Espagne, car il va devers l'empereur, pour savoir comment il voudra que je sois traité. Et sur ce, va très humblement se recommander à votre bonne grâce.
Votre très humble et très obéissant fils,

François ».

Voici maintenant l'appel du roi-chevalier à la générosité de son ennemi. Avec ingénuité, il n'en saurait douter, nourri depuis l'enfance des romans de chevalerie où fleurit la tradition courtoise.

« Si plus tôt la liberté, par mon cousin le vice-roi, m'avait été donnée, je n'eusse si longtemps attendu d'envers vous faire mon devoir, comme le temps et lieux où je suis le méritent ; n'ayant d'autre réconfort en mon infortune que l'estime de votre bonté, laquelle, s'il lui plaît, usera par honnêteté envers moi de l'effet de la victoire, ayant ferme espérance que votre vertu ne voudra me contraindre de chose qui ne fût honnête ; vous suppliant de juger en votre cœur ce qu'il vous plaira faire de moi, étant sûr que la volonté d'un prince tel que vous ne peut être accompagnée que d'honneur et magnanimité. Parquoi, s'il vous plaît avoir cette honnête pitié d'adoucir la sûreté que mérite la prison d'un roi de France, lequel on veut rendre ami et non désespéré, pouvez être sûr de faire un acquis, au lieu d'un prisonnier inutile, de rendre un roi à jamais votre esclave. Donc, pour ne vous ennuyer plus longtemps de ma fâcheuse lettre, fera fin, avec humbles recommandations à votre bonne grâce, celui qui n'a aise à attendre qu'il vous plaise le nommer, en lieu de prisonnier, Votre frère et ami,

François ».

Pitié, magnanimité, bonne grâce ?... Pour saisir à quel point

66

le royal don Quichotte pouvait s'illusionner, il suffit de citer des anecdotes rapportées par un ambassadeur vénitien, Federico Badoaro, qui les tenait de source sûre. Elles témoignent d'un manque de générosité indigne d'un souverain aussi puissant : « Un soldat lui ayant apporté en Espagne l'épée et les gantelets du roi François Ier, après la bataille où ce monarque fut pris, il ne le gratifia que de cent écus d'or, le renvoyant ainsi désespéré. » L'autre exemple est plus choquant encore : « Aux quatre soldats, qui, tout vêtus et l'épée entre les dents, passèrent l'Elbe à la nage, pour aller détacher les barques du fleuve, quand il remporta la victoire sur l'électeur de Saxe, il fit distribuer un pourpoint, une paire de bas et quatre écus pour chacun : ce qui, eu égard à l'importance du service rendu, fut envisagé comme une libéralité de pauvre diable. »

Ces traits d'avarice ne datent que d'époques postérieures à la captivité du roi, mais ils sont révélateurs d'une mesquinerie incompatible avec les espérances de François Ier.

Déjà, il a fait montre d'une ingratitude profonde envers sa tante, Marguerite d'Autriche à laquelle il doit tant, y compris son élection à l'Empire. Poussé par son gouverneur Monsieur de Chièvres, de l'importante famille des Croy, il lui retire la régence des Pays-Bas qu'elle exerce avec un réel talent et le plus absolu désintéressement. Mieux encore : on néglige de lui verser sa pension. Elle s'en plaint dans une belle et longue lettre adressée au Conseil, où elle rend compte de son administration. Pièce fort honorable pour sa mémoire mais qui n'émeut guère ce fils adoptif pour qui elle a tant travaillé. Il faudra qu'elle s'adresse à son père Maximilien. Celui-ci interviendra auprès de son petit-fils ; alors Charles-Quint rendra à celle qui lui servit de mère son poste de gouvernante des Pays-Bas.

Faut-il d'autres exemples ? Ils se trouvent dans deux traités signés avec la France dès l'avènement du roi. Dans le premier, se défiant de son grand-père maternel Ferdinand d'Aragon (qui lui préfère son frère Ferdinand), il s'engage à ne pas le secourir si dans six mois, il n'a pas rendu la Navarre à son souverain dépossédé. Dans le second, il trouve bon que François Ier, pour défendre Venise, fasse la guerre à Maximilien, son grand-père paternel.

Tel est le prince dont son captif espère un traitement honorable ! Evidemment, il reste de glace, et ne répond même pas. Il va s'acharner à obtenir de son prisonnier des conditions de paix aussi avantageuses que possible. Les moyens de pression ne sauraient lui manquer au cours d'une longue réclusion, le silence dans lequel il s'enferme n'étant pas le moindre.

De Lyon, arrive une lettre très tendre de Marguerite : « Monseigneur, votre lettre a porté tel effet à la santé de Madame et de tous ceux qui vous aiment, que ce nous a été après la douleur de la passion un Saint-Esprit, voyant la grâce que Notre-Seigneur vous fait que la prison n'est que preuve de votre vertu, dont il vous a tant rempli, que jusques à réconforter et fortifier les vies qui de la vôtre dépendent. Vous assurant, Monseigneur, que depuis ce porteur arrivé, madame a senti si grand redoublement de force que tant le jour et le soir dure, il n'y a minute perdue pour vos affaires, en sorte que de votre royaume et enfants ne devez avoir peine ou souci. Et l'occasion qui plus lui donne de repos, c'est qu'il a plu à Dieu vous mettre en main d'un si honnête et bon personnage (le vice-roi de Naples : Charles de Lannoy) où vous êtes si bien traité. Car sans la sûreté qu'elle en a, sa peine eût été insupportable. Monseigneur, si vous avez volonté qu'elle vive en santé, je vous supplie regarder à la vôtre, car elle a entendu que vous voulez entreprendre de faire ce carême sans manger chair ni œufs, et quelquefois jeûner pour l'honneur de Dieu. Monseigneur, autant que très humble sœur vous peut supplier, je vous supplie ne le faire et considérer combien

le poisson vous est contraire, et croyez que si vous le faites, elle a juré qu'elle le fera ; et s'il en est ainsi, je vous vois tous deux défaillir, qui me fait encore une fois vous supplier et devant Dieu conjurer, pour sauver sa vie et votre santé, qu'il vous plaise ne le faire ; car si vous êtes sain, vos amis le seront ; et, au contraire, vous pouvez penser ce que ce serait ! Ayez donc, Monseigneur, pitié de vous en nous regardant, qui sera pour fin, après vous avoir supplié, recevoir les très humbles recommandations de monseigneur d'Alençon qui estime si malheureuse sa prisonnière liberté, que jusques à vous revoir, tient sa vie morte, qui avecques tout ce que Dieu lui a donné, mettra pour votre service, sans oublier les siennes à la bonne grâce que plus que jamais désire voir,
Votre très humble et très obéissante sujette et sœur
Marguerite. »

Cette lettre montre l'attachement qui unissait si intimement Louise de Savoie et ses deux enfants qu'on les appelait : « La Trinité », ce qui réjouissait fort Marguerite.

L'allusion à la « prisonnière liberté » de monseigneur d'Alençon s'éclaire si l'on sait que le malheureux duc était rendu responsable de la défaite par son manque de sang-froid dans cette fatale journée. En réalité, devant la défaite de l'aile droite et la confusion du centre sous les arquebusades du marquis de Pescaire, il crut tout perdu ; pensant alors qu'il fallait éviter la déroute des troupes dont il avait la charge, il tourna bride.

Sur le chemin du retour, il entendit les railleries et malédictions dont il était l'objet, à l'égal du connétable de Bourbon dont la devise désespérée était : « Victoire ou mort ».

Victoire ou mort, j'ai par mon arrogance
En mon cœur mis, et, en lieu d'espérance
Pris désespoir pour vindication,

69

> Plutôt mourrait ma propre nation
> Soit droit ou tort, que ne prenne vengeance.

Et voici la réplique :

> MORT sans merci et honte sans VICTOIRE
> Tu porteras, car il est tout notoire
> Que ton péché est trop vif et infâme
> D'avoir conçu trahison en ton âme.

Les « fuyards de Pavie » ne sont pas épargnés. Dans tous les villages, les laboureurs chantaient la chanson de Pavie au refrain mélancolique :

> Mais par gens déshonnêtes
> Fut laissé laschement.

Dans les rues, sur les chemins, on pouvait entendre des chants graves, aux expressions parfois différentes, mais tous, axés sur la même réprobation :

> Qui vit jamais au monde
> Un roi si courageux
> De se mettre en bataille
> Et délaissé de ceux
> En qui toute fiance,
> Et qu'il tenait asseur
> L'ont laissé en souffrance !
> Véez là le malheur !

Comment s'étonner de cette violence quand on voit que Rabelais lui-même, le moins belliqueux des hommes, écrit : « Je hais plus que le poison un homme qui se dérobe au moment où on va tirer les épées. Pourquoi ne suis pas roy de France pendant quatre-vingts ou cent ans, Grand Dieu ! Je couperais la queue aux misérables chiens qui ont pris la fuite à Pavie ? »

On imagine le désespoir qui habitait le duc d'Alençon pendant le trajet du retour. Ce fut véritablement son chemin de croix. Et peut-être ces humiliantes railleries n'étaient-elles pas le côté le plus noir de sa situation : quel accueil lui réserverait la régente ?

Aucun écho ne nous est parvenu de cette réception, mais il est certain qu'elle ne fut pas des plus chaleureuses. Quant à son épouse, si elle éprouva de l'aigreur, celle-ci fit rapidement place à la compassion, car le duc, de désespoir, s'alita... Il ne devait plus se relever.

C'est de honte, de chagrin, de remords qu'il a dépéri, le « fuyard ». Soigné par Marguerite avec un dévouement qui ne devait pas se démentir. Son dernier poème : « Les prisons », évoquera ses derniers moments avec une émotion sincère. Nous en détachons quelques passages qui permettent de se faire une idée de l'ensemble, trop long pour figurer ici. La duchesse montre son mari.

> Parlant à tous ainsi qu'un homme sain ;
> Mais il avait la mort dedans le sein.
> Après se mit en un lit, et sa femme
> Il appela pour consoler son âme
> La priant lire et de son Dieu parler
> « Car je sens bien, dit-il, ma dernière heure
> Qui ne fera de m'approcher demeure. »
> Ainsi, sa mort joyeusement jugea.
> ....
> Etant au lit, il fit sa femme lire
> La Passion ; lors commença à dire
> Sur chaque article et chacun point notable
> Chose qui fut à tous émerveillable :
> Car lui, n'ayant jamais lu ni appris,
> Lequel l'on n'eût pour (un) orateur pris,
> Parla si bien, que cinq docteurs présents
> Furent longtemps pour l'écouter taisants.
> ....
> Lors, regardant madame la Régente,
> Lui dit : « Madame, à vous je me lamente,
> Vous suppliant ne (le) céler au Roi :
> C'est que depuis le piteux désarroi

De sa prison, j'ai eu un tel déconfort
Et tel ennui, qu'il m'a donné la mort ;
Laquelle, autant que vivant je l'ai crainte,
Belle la trouve et la prends sans contrainte ;
. . . .
Baisant sa main, lui dit : « Je ne demande
Que votre grâce, et je vous recommande
Celle qu'avez conjointe en mariage,
Quinze ans y a, avecques moi ; tant sage
Et vertueuse envers moi l'ai trouvée
Qu'elle peut bien de moi être approuvée. »
Puis, le duc reçoit l'onction que lui apporte l'évêque de
Lisieux auquel il expose une doléance :
« O mon évêque, où est ce grand crédit
Qu'avait l'Eglise, en donnant guérison
Par onction et dévote oraison ?
Plus ne voyons l'Eglise primitive
Prier par foi et charité naïve. »
. . . .
Soudain, sa vue se porte sur un tableau représentant le
Christ, et il en tire grand réconfort...
Puis dist : « Je sens mes membres et mon corps,
Mes sens, douloir l'un après l'autre morts.
Chacun disait la mort de douleur pleine,
Et je me meurs, et n'ay ni mal ni peine.

Ensuite, il embrassa sa femme,
Disant : « Adieu pour un bien peu de temps,
Lequel passé nous nous verrons contents. »

Et son dernier élan le porte vers Dieu
. . . . en doulce voix,
Comme amoureux de son Dieu, dit : « Jésus ! »
Lequel fini, l'âme vola là sus.
. . . .

Telle fut la fin de Monseigneur le duc d'Alençon, descendant de Saint-Louis, premier prince du sang de France. Ainsi l'exprima, bien plus tard, Marguerite, en un long poème dont ces quelques vers détachés ne peuvent traduire toute l'émotion et la grâce parfois naïve.

De sa lointaine prison, le roi envoie ses condoléances à Marguerite, sa « mignonne » qui, après deux jours de pleurs « où la contrainte lui fit presque oublier toute mesure, surmonta son deuil ». Rappelée au souci des réalités, elle cherche des appuis de tous côtés, écrivant à tous ceux qui peuvent plaider la cause du roi. C'est tout d'abord vers la tante de l'empereur qu'elle se tourne ; n'en soyons pas surpris : Marguerite d'Autriche, gouvernante des Pays-Bas est également sa tante, ayant épousé le frère cadet de Louise de Savoie, Philibert dont elle est veuve. Curieux destin que celui de cette princesse qui, à l'âge de trois ans vit célébrer ses fiançailles en grande solennité avec le dauphin Charles (futur Charles VIII) un mois avant la mort de Louis XI. Mais, à cette enfant élevée en France par Anne de Beaujeu, pour en devenir la souveraine, Charles VIII préféra Anne de Bretagne qu'il épousa en 1491. On la renvoie à son père Maximilien... On imagine la rage de la fillette ainsi chassée, et la haine qu'elle portera désormais au pays qui lui a infligé une telle humiliation. Six ans plus tard, la voilà fiancée au fils de Ferdinand d'Aragon et d'Isabelle la catholique et en route pour le joindre. Mais le vaisseau qui la conduit est assailli par une tempête si terrible qu'elle croit sa dernière heure venue. Alors, sans perdre son sang-froid, elle compose sa propre épitaphe très plaisamment :
> Ci-gît Margot, la gente demoiselle,
> Qu'eut deux maris, et si mourut pucelle ».

Elle en réchappe, mais son mari meurt après une courte union de quelques mois.

En 1501, elle épouse Philibert de Savoie dont elle devient veuve quatre ans plus tard. Inconsolable, elle lui fait élever un magnifique tombeau. A la mort de son frère Philippe le Beau, par la grâce de son père Maximilien, elle devient gouvernante des Pays-Bas. C'est peut-être la seule chose de bon sens que fit en toute sa vie cet empereur chasseur de cerfs « dont il avait la jambe et la cervelle aussi. » Marguerite est le « vrai grand homme de la famille ». Nous la retrouverons bientôt.

Faut-il que Marguerite – la nôtre –, soit désemparée pour s'adresser à la tante de Charles-Quint toute dévouée à son neveu, malgré son ingratitude ! Dégagée de ses obligations conjugales, Marguerite d'Alençon peut désormais se consacrer à celui qui lui est « mari, père et très aimé frère » comme elle le lui écrit.

Mais un tel captif effraie un peu ses geôliers qui souhaitent esquiver de telles responsabilités. A la demande du général Lannoy, il consent à partir pour l'Espagne dans l'espoir d'obtenir ainsi plus aisément de l'empereur l'entrevue ardemment souhaitée.

On ne saurait imaginer l'accueil enthousiaste que fit à l'illustre captif la population espagnole. Dès son arrivée, en juin, tous s'étaient précipités pour le voir ; les femmes surtout ne se laissaient pas d'admirer ce superbe cavalier de si fière allure. A Guadalajara, un très grand seigneur : don Diego de Mendoça, duc de l'Infantado, mit à sa disposition, dans son palais, l'appartement dit de famille dont le luxe surprit le roi lui-même. Il y demeura quelques jours, réjoui par d'éclatants spectacles, bals, tournois, combats de bêtes sauvages : tigres, lions et léopards que le duc élevait dans sa ménagerie. Une de ses filles : dona Ximena se prit de passion pour François Ier et déclara que, ne pouvant l'épouser, elle n'aurait jamais d'autre époux et entra en religion. Un autre seigneur reçut l'ordre d'héberger le connétable de Bourbon ; il s'inclina, mais brûla ensuite son palais qu'il jugeait souillé par la présence de ce traître. Comme l'écrit Michelet, « le peuple du Cid et d'Amadis courait avidement voir un héros vivant ». Cette attitude irrita Charles-Quint qui, dès l'arrivée du prisonnier à Madrid, quitta cette ville pour Tolède en donnant ordre de l'enfermer dans une tour de l'Alcazar. On le logea dans une pièce petite, horrible cage avec une seule porte, une seule fenêtre à double grille de fer, scellée au mur des quatre côtés. Quelques meubles : sièges, tables et un lit s'y trouvaient. Sous la fenêtre, un abîme de cent pieds, et tant que le roi y fut, deux bataillons montaient la garde, sous les armes, au bord du Mançanarez qui coule tout le long et fort proche.

Tel est le lieu que l'empereur ne rougit pas d'imposer à un monarque plein de vie, habitué à de violents exercices physiques et aux plaisirs d'une cour brillante. Ajoutons à ces misères l'interdiction de toute visite et l'attente incessante d'un signe de l'empereur qui se dérobait ; il y avait de quoi plonger le roi dans le désespoir.

Il prie sa mère de venir en Espagne, mais ses fonctions de régente absorbent totalement Louise qui doit assurer la marche des affaires, surveiller les velléités d'indépendance des grands, de la bourgeoisie et des parlements ; elle s'y emploie sans faiblir, et Marguerite l'assiste de son mieux. Dans le même temps, des négociations sont ouvertes, mille bruits circulent à travers l'Europe des chancelleries. On parlait déjà de marier Marguerite à Bourbon auquel on rendrait tous ses biens. Partie de Milan, cette rumeur arrivait à Rome qui la communiquait à Florence d'où elle gagnait l'Angleterre. Marguerite ignorait qu'il s'agissait d'elle et s'étonnait d'apprendre que l'empereur voulût marier sa sœur Eléonore, veuve du roi de Portugal, « au méchant duc de Bourbon ». Les négociations s'enlisent ; alors, la présence d'une personne de haut rang est jugée nécessaire. Qui, mieux que Marguerite, peut s'en charger ? Fin juin, Montmorency, prisonnier également, mais libéré après paiement de sa rançon par le roi —, Montmorency partait donc demander à Charles-Quint un sauf-conduit pour la duchesse d'Alençon. Le 2 juillet, à Tolède, il exposait à l'empereur sa mission : la présence de Marguerite est nécessaire pour que la paix « soit conduite par des personnages de grande et grosse autorité et qui aient entièrement toute puissance telle et si grande que la régente ».

L'empereur ne souhaitait guère cette visite ; il réalisait fort bien que si les Espagnols s'intéressaient déjà au prisonnier, le dévouement et l'intelligence d'une sœur accroîtraient sensiblement ce sentiment.

Marguerite a hâte de partir afin d'assister son frère dont la pensée ne la quitte jamais. Mais son départ est retardé par le mauvais état des galères qui doivent l'emmener et qu'il faut réparer. Enfin, le 28 août, elle s'embarque à Aigues-Mortes avec une suite nombreuse, non sans avoir déploré tout ce temps perdu : « Le ciel, la mer et l'opinion des hommes ont retardé mon partement ».

Le mois suivant, elle arrive à Barcelone, et sitôt débarquée, s'engage sur la route de Madrid sans perdre un moment. Elle est accompagnée du président Jean de Selves, de l'évêque de Tarbes, Gabriel de Gramont, de Georges d'Amboise, alors archevêque d'Embrun, depuis cardinal de Tournon, et de trois cents cavaliers. Elle voyage en litière et trompe les angoisses de l'attente en écrivant :

> « Le désir du bien que j'attends
> me donne de travail matière,
> Une heure me dure cent ans ;
> Et me semble que ma litière
> Ne bouge et retourne en arrière,
> Tant j'ai, de m'avancer, désir.
> Oh ! qu'elle est longue la carrière
> Où gît à la fin mon désir !

Je regarde de tous côtés
Pour voir s'il n'arrive personne,
Priant sans cesse, n'en doutez,
Dieu, que santé à mon Roy donne,
Quand nul ne voit, l'œil j'abandonne
A pleurer ; puis sur le papier,
Un peu de ma douleur j'ordonne.
Voilà mon douloureux métier.

Oh ! qu'il sera le bien venu
Celui qui, frappant à ma porte
Dira : le Roy est revenu
En sa santé très-forte bonne et forte.
Alors, sa sœur plus mal que morte
Courra baiser le messager
Qui telles nouvelles apporte
Que son frère est hors de danger. »

S'adressant à son frère, elle exprime le même sentiment avec une égale passion : « ... Quoi que ce puisse être jusques à mettre au vent la cendre de mes os pour vous faire service, rien ne me sera ni étrange ni difficile, ni pénible, mais consolation, repos et honneur. Et, à cette heure, Monseigneur, je sens bien quelle force a l'amour que Nostre Seigneur par amour et connaissance a mise en nous trois... » (Louise et ses enfants : la Trinité).

Elle venait d'écrire cette lettre quand une missive de Montmorency lui apprenait que l'état du roi s'était aggravé. Au reçu de l'inquiétante nouvelle, la crainte d'un malheur doubla ses forces : elle ne connut plus d'obstacles, s'élança à cheval, força les étapes, fit par des chemins impossibles dix et même douze lieues par jour, laissa derrière elle certains de ses compagnons – Villiers de l'Isle-Adam entre autres –, dépassa « en volant » le nonce Salviati qui, lui aussi, gagnait la cour impériale, et le 19 septembre au soir, anxieuse, dévorée d'inquiétude, arrivait enfin à Madrid après dix jours d'une course désordonnée, où, seule, une volonté farouche l'avait soutenue.

Elle avait réussi à gagner une demi-journée sur l'horaire prévu, mesurant ainsi quel sommet pouvait atteindre sa tendresse pour son frère.

A la lueur des torches, Marguerite mit pied à terre devant le donjon qui enfermait François Ier. L'empereur, prévenu, venait au-devant d'elle. Il la reçut « au milieu des degrés », si émue et si angoissée qu'elle pouvait à peine parler. Il l'embrassa, la réconforta lui affirmant que sa présence guérirait le roi et lui vaudrait la liberté. Puis, Charles-Quint la mena lui-même près du roi à travers les couloirs et atteignit l'étroite chambre « galetas » où il gisait sans connaissance.

Sans gémissements superflus, elle s'installa aussitôt à son chevet et ne le quitta plus. Le malade ne reconnaissait plus sa « mignonne », la fièvre augmenta... Le 22 septembre, les médecins désespérèrent de le sauver. Alors, Marguerite s'en remit à Dieu... Elle dressa un autel dans le taudis, on dit la messe devant les serviteurs, puis tous communièrent. Penchée sur le lit, la sœur partagea avec le frère l'hostie qu'on lui présentait... Et l'attente commença... dans l'angoisse. Le soir même, la fièvre qui tenait le roi depuis vingt-trois jours tomba enfin. Il est sauvé ! entre en convalescence, reconnaît sa sœur et en est « fort joyeux ».

Maintenant, une nouvelle tâche attend Marguerite. Rassurée sur le sort de son frère, elle s'attaque à sa mission. Il faut qu'elle réussisse. L'empereur accepte de la recevoir à Tolède. Elle s'y trouve le 3 octobre et voit Charles-Quint qui l'amuse de belles paroles sans rien promettre de précis. « Elle en serait contente ». Il écrivit aussi au roi dans ce sens.

Le surlendemain, elle parut devant le Conseil impérial avec les envoyés de France. Ici, elle trouva en Gattinara, le chancelier, un ennemi déchaîné qui, sans égard à la situation de la princesse et des Français, cria et menaça comme ne l'eût

78

pas fait l'empereur. Il réclamait la Bourgogne avant toute discussion. Puis il exigeait la Picardie et la Somme. Il fallait encore que le roi soutînt financièrement l'empereur, devenant ainsi son tributaire, et payât l'armée ennemie.

La duchesse d'Alençon avait parlé sévèrement à l'empereur, lui reprochant le mauvais traitement qu'il infligeait à son prisonnier. Elle lui dit vertement que ce n'est pas ainsi qu'il pouvait gagner un cœur aussi généreux que celui de son frère. Ces paroles prononcées bravement et avec colère donnèrent à penser à Charles-Quint qui, menacé de la vengeance des enfants du roi prononça des paroles apaisantes.

Elle parla plus durement encore aux conseillers surpris de la pertinence de ses raisons, si bien, dit Brantôme, « qu'elle demeura en grand estime de l'empereur, de son conseil et de sa cour ».

Peut-être, mais le 14 octobre, elle quitte Tolède et constate que les négociations n'ont pas avancé d'un pas. Alors, elle rêve d'une évasion. Elle est prête à tout, « dût-elle demeurer prisonnière le reste de sa vie en un monastère ».

Tout était prêt, quand un valet, Clément Champion, furieux d'un soufflet que lui avait donné le frère de Montmorency, dévoila le complot pour se venger. La colère de l'empereur fut violente. Marguerite doit partir : le 23 novembre, il signe un sauf-conduit qui doit expirer le 31 janvier. Quatre jours plus tard, elle quitte Madrid et se hâte de regagner la France qu'elle atteint le 23 décembre, échappant ainsi au danger d'arrestation qui pèse sur elle. Certains ont cru qu'elle emportait sous son vertugadin l'acte d'abdication de François Ier en faveur du dauphin. Cette décision ne laissait plus entre les mains de l'empereur qu'un simple gentilhomme, en place d'un précieux otage. Or, on n'osa lui confier cet important document. C'est Montmorency qui sera chargé de cette mission.

Après la guérison du roi, le président de Selves qui escortait Marguerite avait écrit au Parlement de Paris pour le rassurer :

« Messeigneurs, considérant le grand ennui que pouvez avoir conçu sachant la grave maladie du Roi, il m'a semblé vous devoir écrire sa convalescence et guérison, pour consoler la compagnie. Je l'ai vu, par le jugement de deux de ses médecins et avec ceux de l'empereur, sans espérance, et avec tous les signes de la mort : car il demeura quelque temps sans parler, voir, ni ouïr, ni connaître personne. Il y a aujourd'hui huit jours que Madame la duchesse fit mettre en état tous les gentilshommes de la maison du Roi et les siens. Et à l'heure ensemble ses dames, pour prier Dieu, et tous reçurent notre Créateur ; et après, fut dite la messe en la chambre du Roi et des siens. Et à l'heure de l'élévation du Saint Sacrement, monseigneur l'archevêque d'Embrun exhorta le Roi à regarder le Saint Sacrement pour l'adorer. Et incontinent le Roi dit : « C'est mon Dieu qui me guérira l'âme et le corps, je vous prie que je le reçoive. » Et à ce que l'on dit qu'il ne le pourrait avaler, il répondit : « Que si ferait ». Et lors Madame la duchesse fit départir une partie de la Sainte Hostie, laquelle il reçut avec la plus grande componction et dévotion, qu'il n'y avait cœur qui ne fondît en larmes. Ma dite dame la duchesse reçut le surplus du Saint-Sacrement. Et de cette heure-là, il est toujours allé en amendant ; et la fièvre, qui lui avait duré vingt-trois jours sans relâcher, le laissa, et en est de tout net, grâces à Dieu ; ... il est hors de danger, qui est œuvre de Dieu miraculeuse, ainsi que les Français et Espagnols qui ont été à l'entour de lui, ont chacun jugé. »

Cette lettre qui précise ce que nous savions déjà est un document capital et vient à son heure. En effet, il est urgent de rassurer une opinion que des inconnus s'efforçaient de démoraliser, ainsi que l'indique « le bourgeois de Paris » :

« A cheval, déguisés, contrefaisant les postillons, des chaperons verts sur la tête, cinq ou six inconnus sont venus en courant par les rues jusqu'au palais. Ils ont crié et publié certaines rimes, contenant que le Roi, alors prisonnier, était mort, que Madame Louise en avait grand déconfort, que les sages le celaient, et qu'il fallait que les fous le déclarent et le publient. Ils ajoutèrent plusieurs autres choses contre l'honneur du Roi, de Madame et de la maison de France. Il leur a été répondu par l'archichapelain de la Sainte-Chapelle. Ils se sont alors retirés. On dit qu'ils sont de la basoche. »

La dernière phrase est très significative car c'est dans ce milieu que se recrutent des agitateurs dangereux tout dévoués à la rétrograde Sorbonne, et par là même ennemis jurés des réformateurs du cénacle de Meaux ainsi que de Marguerite, leur protectrice avouée. Leur haine s'étend même à la personne du Roi, suspect de sympathie pour les « Bibliens ».

Le président de Selves s'est donc révélé un diplomate des plus habiles en insistant sur le « miracle » attestant la protection divine étendue sur le Roi par la grâce de sa sœur. Dès lors, qui pouvait douter de leur foi et de leurs saines doctrines ? Dieu s'était prononcé, et avec quel éclat !

Et justement arrive Montmorency, porteur de l'acte d'abdication du Roi avec mission de le faire enregistrer par ce même Parlement, ainsi conditionné.

« François, par la grâce de Dieu, Roi de France, duc de Milan, et Seigneur de Gênes... Salut... Après avoir perdu une bataille, où nous avons mis notre personne en grand danger de mort, ... et après avoir eu, en icelle bataille, notre cheval tué sous nous, et avoir vu plusieurs de nos ennemis convertir leurs armes sur notre personne, les uns pour nous tuer, les autres pour nous faire proie et butin ; encore avons-nous, depuis notre prison et captivité, été mis et réduits ès mains de l'élu empereur, Roi d'Espagne, duquel, comme ce prince chrétien et catholique, nous avions espéré jusqu'à présent humanité, clémence et honnêteté, attendu mêmement que nous lui sommes à lui proche en consanguinité et lignage, et d'autant plus ladite humanité attendions-nous, que nous avons supporté dans la prison une grave maladie, et telle que notre santé et guérison étaient du tout désespérées ; mais Dieu, continuant envers nous ses bienfaits, nous a remis sus et ressuscité, en laquelle extrémité n'avons connu le cœur de l'empereur être aucunement ému à notre délivrance.

Après lui avoir montré les querelles qu'il prétend avoir contre nous n'être en aucune manière fondées en justice, lui ayant été faites plusieurs grandes offres, par notre chère sœur la duchesse d'Alençon... néanmoins ledit Empereur n'a voulu accorder notre délivrance jusques à ce qu'il eût en ses mains le duché de Bourgogne, comté de Mâcon et d'Auxerre, avec plusieurs autres aussi grandes et déraisonnables demandes..., lesquelles conditions n'avons voulu accepter... mais voyant ne nous être permis de sortir de prison... savoir faisons que, par bonne et mûre délibération de conseil, nous avons conclu, ordonné et consenti, et par cet édit perpétuel et irrévocable, voulons, ordonnons et consentons, et tel est notre bon plaisir, que notre très cher et très aimé fils aîné François, dauphin de Viennois, notre vrai et indubitable successeur, soit dès à présent déclaré, réclamé et réputé roi très chrétien, et comme moi oint et sacré, en gardant les solennités requises et accoutumées, et qu'il gouverne sous la régence et autorité de notre très chère et très aimée mère la duchesse d'Angoulême, jusqu'à ce qu'il soit en âge de gouverner par lui-même... retenant, toutefois, et réservant que s'il plaisait à Dieu permettre que la délivrance de notre dite personne fût faite..., lors et en ce cas nous entendons et retenons à nous de retourner en notre dite couronne et royaume par vrai continuation d'icelui, tout ainsi que si jamais n'eussions été pris et mis en captivité. »

Quand le Parlement eut connaissance de cet acte d'abdication, il refusa de l'entériner, à la grande joie du Roi qui fit réflexion que pareille attitude pourrait se renouveler, par exemple à l'occasion d'un traité. Cette pensée le détermina à signer n'importe quel traité, fût-il très défavorable, avec l'arrière-pensée de n'en faire aucun cas dans l'avenir.

De son côté, Charles-Quint était inquiet devant la réprobation soulevée par son attitude si peu généreuse. L'émotion était si grande en Europe que le prudent Erasme osa écrire à l'Empereur pour le prier d'user de clémence :

« Si j'étais le vainqueur, je parlerais ainsi au vaincu : Mon frère, le sort vous a fait prisonnier, pareil malheur pouvait m'arriver, et votre défaite me montre la fragilité des choses humaines. Soyez libre, aimez-moi, et n'ayons désormais d'autre rivalité que celle des vertus. En vous délivrant, j'acquiers plus de gloire que si j'avais conquis la France. En acceptant ce bienfait avec reconnaissance, vous gagnerez plus que si vous m'aviez chassé d'Italie. »

Pour ces motifs divers mais convergents, le traité de Madrid mit fin aux interminables négociations auxquelles avait tenté de participer Marguerite dont l'éloquence chaleureuse n'avait pu se montrer persuasive : la Bourgogne était l'éternelle pierre d'achoppement.

Est-ce elle qui inspire son frère dans ses dernières décisions ? Sa présence avait relevé la santé et le moral du captif, mais après son départ précipité, les jours se traînaient sans apporter ou laisser entrevoir de solution ; la saison attristée ne lui montrant plus que la plaine grise de Madrid, il commença à se sentir déprimé. Marguerite essaya de le soutenir par ses lettres, mais elle-même s'attendrissait de plus en plus. Elle écrit à Montmorency : « Toute la nuit, j'ai cru tenir le Roi par la main, et ne me vouloir éveiller pour le tenir plus longuement ».

Elle écrit encore à l'éternel objet de ses préoccupations qu'il s'en faut peu qu'elle ne revienne ; elle voudrait lui ramener une litière qui le portât chez lui... Elle craint une rechute ; il semble qu'elle succombe à son tour ; et, à la mi-décembre, sur le point de regagner la France, elle lui écrit :

« Si les honnêtes offres que vous avez faites ne les font parler autrement, je vous supplie qu'il vous plaise de VENIR, COMMENT QUE CE SOIT. »

Comment convient-il d'interpréter cette dernière phrase ? En cédant la Bourgogne ? Ou en reniant son serment ? Il semble qu'on doive pencher vers le premier sens car la régente, dans ses dernières instructions (fin novembre) conseillait d'examiner « si l'on doit s'arrêter à cette Bourgogne qui a été jadis hors des mains du Roi, et y est revenue, comme elle pourrait encore faire ».

Qu'allait décider l'empereur ? Praët, son ambassadeur en France, lui écrit de choisir entre deux solutions : OU METTRE LUI ET SON ROYAULE SI BAS QU'IL NE PUISSE NUIRE, OU LE TRAITER SI BIEN QU'IL NE VEUILLE JAMAIS MAL FAIRE. SI LE PREMIER PARTI EST IMPOSSIBLE, IL VAUT MIEUX TENIR LE ROI QUE LE LAISSER ALLER A DEMI-CONTENT ». Peut-être, avec le temps, quelque dissension naîtra en France, d'un grand profit pour l'Empereur.

Cet espoir n'était pas chimérique : le Parlement de Paris avait d'abord fait montre d'une réelle mauvaise humeur ; et une grande partie de la noblesse tenait fortement pour Bourbon. L'ambassadeur note sa surprise à son arrivée sur le Rhône de voir plusieurs gentilshommes venir à lui et se révéler courtisans de l'étranger.

Il est vrai que le peuple éprouvait des sentiments contraires. Sauf Paris hostile, la France était émue du courage et des infortunes du Roi. Elle se crut prisonnière en lui. Et quand Marguerite arriva en Languedoc, de ville en ville, elle fut entourée par la foule des bonnes gens qui demandaient des nouvelles du Roi et l'écoutaient en pleurant. Ainsi, François était l'objet d'un culte pieux.

C'est le 14 janvier qu'il se décida enfin à signer le désastreux traité de Madrid ; mais auparavant, il protesta secrètement par devant notaire contre ce traité imposé, donc sans valeur juridique. Les clauses en étaient des plus sévères : le Roi de France cédait à Charles-Quint la Bourgogne, arrachée jadis à sa grand-mère Marie de Bourgogne, fille du Téméraire. Il renonçait en outre à ses droits sur la Flandre et l'Artois, ainsi qu'au Milanais et au royaume de Naples. Il rendait tous ses biens au connétable de Bourbon.

Il s'engageait à épouser la sœur aînée de l'empereur, Eléonore, veuve du roi de Portugal. Elle partageait l'admiration de tant de dames espagnoles pour François Ier qui, loin de répondre à ce sentiment, se montrait peu charmé par cette « brune à grosses lippes autrichiennes ».

Ce mariage sera un peu l'œuvre de Marguerite qui, en Espagne, s'était ingéniée à rapprocher Eléonore de l'illustre captif car elle en espérait un adoucissement à son sort.

Une clause nouvelle fut durement ressentie par le Roi : ses deux fils aînés : le dauphin François (huit ans) et Henri duc d'Orléans (sept ans) devaient servir d'otages pour garantir le respect du traité.

La veille de la signature, il avait exhalé son amertume contre son impitoyable vainqueur en protestant contre ses rigueurs envers sa sœur : « Madame la duchesse, au mois de décembre, fut contrainte par froidures, neiges et gelées, de passer et traverser les royaumes de Castille et d'Aragon, comté de Barcelone et de Roussillon pour entrer en France avant que trêve fût finie, et ne sut jamais obtenir de l'empereur sauf-conduit pour passer par le royaume de Navarre, pour être plus tôt hors des terres de l'empereur qui étaient tous signes clairs et apparents de vouloir tenir prisonnière ladite dame duchesse d'Alençon, au cas qu'elle eût été trouvée en Espagne après la trêve ».

Le mois précédent, il avait déjà rendu un chaleureux

hommage à « sa très-chère et très-aimée sœur unique, la duchesse d'Alençon et de Berry ». Il notait : « Elle a pris la peine et le travail de venir par mer et par terre devers l'empereur et lui a fait les plus honnêtes et gracieuses remontrances dont elle se pût aviser pour faire acte d'honneur et d'humanité ».

Ainsi, le prisonnier qui trouve bien longue sa captivité ne néglige aucune occasion d'attirer publiquement l'attention sur l'attitude peu chevaleresque de son ennemi.

C'est seulement deux mois après la signature du traité qu'il est enfin libéré. Les enfants royaux passent la rivière à Hendaye, dernier village de France, vis-à-vis de Fontarabie. Le roi arrive en sens opposé et dès qu'il les aperçoit, il est ému à l'idée qu'ils vont en prison, si petits. « Les larmes lui tombent des yeux, puis leur fait le signe de la croix en leur donnant la bénédiction de père... Lors, passèrent lesdits seigneurs... en Espagne, le Roi en son bienheureux royaume de France. »

Là, autre émotion bien différente... Un grand nombre de loyaux serviteurs l'attendaient. « Quand il vit une telle assemblée, de la grande joie qu'il eut, les larmes lui tombèrent semblablement des yeux. Et lors s'en alla et piqua rudement, roidement tant qu'il fut... en sa bonne ville et cité de Bayonne, où il ne fit grand séjour, pour aller trouver madame sa mère, en la cité de Bordeaux, autrement appelée le Port-de-la-Lune... »

La captivité du roi frappa l'imagination populaire et inspira légendes et chansons où souffre parfois la vérité historique, mais qui témoignent d'une sincère émotion, comme le montre le texte suivant :

> Hélas ! La Palice est mort,
> Il est mort devant Pavie.

Hélas ! s'il n'était pas mort,
Il serait encore en vie.

Quand le roi partit de France,
A la malheur il partit ;
Il en partit le dimanche,
Et le lundi il fut pris.

Rends, rends-toi, roi de France,
Rends-toi donc, car tu es pris.
Je ne suis point roi de France,
Vous ne savez qui je suis.

Je suis pauvre gentilhomme
Qui s'en va par le pays.

Regardèrent à sa casaque,
Avisèrent trois fleurs de lis.

Regardèrent à son épée,
François ils y virent écrit.

Ils le prirent et le menèrent
Droit au château de Madrid.

Et le mirent dans une chambre
Qu'on ne verrait jour ni nuit

Que par une petite fenêtre
Qu'était au chevet du lit

Regardant par la fenêtre
Un courrier par là passait.

« Courrier qui portes lettre,
Que dit-on du roi à Paris ?

– Par ma foi, mon gentilhomme,
On ne sait s'il est mort ou vif.

– Courrier qui portes lettre,
Retourne-t'en à Paris.

Et va-t'en dire à ma mère,
Va dire à Montmorency

Qu'on fasse battre monnaie
Aux quatre coins de Paris.

S'il n'y a de l'or en France,
Qu'on en prenne à Saint-Denis.

Que le dauphin en amène
Et mon petit fils Henri.

Et à mon cousin de Guise
Qu'il vienne ici me requérir.

Pas plus tôt dit la parole
Que Monsieur de Guise arrivit.

Et maintenant, la vie reprend son cours au royaume de France.

Chapitre IV

Le roi, reconnaissant, comble sa sœur de bienfaits et elle jouit d'une extrême faveur. Bientôt, Marguerite se remarie avec Henri d'Albret roi de Navarre qu'elle accompagne dans son royaume. Elle ne tarde pas à revenir à la Cour où bien des soucis l'attendent. Et seule, l'intervention du roi pourra la protéger contre les violentes attaques dont elle est l'objet après la publication de son « Miroir de l'âme pécheresse ». Et voilà qu'éclate la malheureuse « affaire des placards ».

François Ier ivre de sa liberté retrouvée a rejoint sa mère, régente sans faiblesse, « haute à la main » comme disait le langage du temps, et sa sœur au dévouement éprouvé ; et leur « trinité » s'est reformée plus solide que jamais. Il ne cesse de répéter que sans Marguerite il ne serait plus en vie et marque par de nombreuses générosités sa tendresse reconnaissante. C'est ainsi que le roi confirme à sa « mignonne » l'usufruit de l'héritage de son mari : duché d'Alençon et comté du Perche... Il lui donne en outre le duché de Berry et y ajoute d'importantes sommes d'argent.

En juillet, il reconnaît à Marguerite sur le duché d'Alençon les droits souverains de son défunt mari (droit de juridiction sur toutes ses terres). L'heure va venir où elle saura en user pour le plus grand bien de ses amis persécutés.

Un peu partout, la sœur aînée du Roi fait figure d'héroïne ; on l'admire, et les ambassadeurs étrangers viennent la saluer et lui présenter l'hommage de leurs gouvernements.

Le roi d'Angleterre, en particulier, donne des instructions précises à ses envoyés : « Ils feront à la duchesse les compliments et félicitations du roi pour les travaux et les peines qu'elle a endurés, pour la dextérité avec laquelle elle a amené la délivrance de son frère. Ils se mettront en rapport avec elle, en parfaite intelligence, s'ouvrant à elle en toute chose que l'occasion pourra requérir. »

Ne semble-t-il pas qu'à cette époque Henri VIII songe à un mariage ? Il vit séparé de fait de la reine Catherine d'Aragon, tante de Charles-Quint et rumine déjà des pensées de divorce. Mais aucun encouragement ne lui vient du côté de Marguerite. Et l'on sait que plus tard, il s'éprendra violemment d'Anne Boleyn ; c'est le refus du pape d'annuler son mariage avec Catherine qui provoquera la rupture avec Rome. De là, naîtra l'anglicanisme.

Marguerite est toujours au premier rang dans les cérémonies. C'est elle qui conduit le deuil lors des obsèques de l'infortunée Claude décédée l'année précédente. La pauvre reine fut regrettée de tous, car elle était, dit Brantôme, « très-bonne et très charitable, et fort-douce à tout le monde, et ne fit jamais déplaisir ni mal à aucun de sa cour ni de son royaume ». Et la « Chronique d'Anjou » la déclare « un vrai miroir de pudicité, sainteté et innocence ».

Et, soudain, une nouvelle éclate : Marguerite va se remarier ! Sa vie sentimentale si désolée en son néant, va-t-elle s'éclairer ? Qui a conquis ce cœur qui ne battait que pour François ? Cet élu est Henri d'Albret, roi de Navarre, prisonnier, lui aussi à Pavie, arrivé un jour à Lyon tout auréolé du prestige d'une évasion romanesque. Et Marguerite, si déçue dans son premier mariage, s'enivre d'admiration pour ce jeune roi échappé des geôles italiennes, beau, bien disant, galant... François trouve le parti médiocre pour sa sœur, mais peut-il refuser le bonheur à celle qui est allée si loin arracher son âme aux régions obscures où elle sombrait déjà ? Le mariage a donc lieu le 24 janvier 1527, à Saint-Germain-en-Laye avec un grand éclat. Marguerite a alors trente-cinq ans, douze ans de plus que son époux. Les fêtes furent suivies de joutes et tournois pendant huit jours environ.

Le mariage de Marguerite fut chanté par tous les poètes du royaume qui la considéraient comme leur protectrice et « parente en Apollon »... Jean Dorat, précepteur des pages de François Ier écrivit une pièce en vers latins inspirée par le nom de la nouvelle souveraine (Marguerite, en bon latin signifie la perle). Il imagina donc une très jolie légende selon laquelle la perle (Margaris) naquit de la coquille même d'où était sortie Vénus. Un jour, pendant sa grossesse, Louise de Savoie avala cette perle par mégarde alors qu'elle dévorait des huîtres avec avidité ; et c'est ainsi que sa fille fut une véritable perle. Moins prétentieux, Joachim du Bellay est tout aussi flatteur. « Quels vers, dit-il, devraient inspirer les Muses, si la vertu en personne se mariait ? Ce sont ceux qu'il faut chercher aujourd'hui, car Marguerite est la vertu personnifiée. »

Les nouveaux époux se rendent en Navarre. On atteint Pau ; première déception devant ce village de trois ou quatre rues autour d'une pauvre église. Et la masse gigantesque du château est sans attrait pour une princesse accoutumée à de gracieuses résidences. Et que dire de la « librairie » ? Elle ne renferme qu'une quarantaine de manuscrits et ouvrages dont certains sont en piteux état. Les premiers et les derniers feuillets font défaut à l'un ; cet autre n'offre que des tomes dépareillés ; plus loin, voici des livres écrits en gascon, en catalan ou en italien ; cette dernière langue n'exigerait au moins nul effort de Marguerite qui la possède parfaitement. Mais elle est peu tentée par cette bibliothèque si indigente. Toutefois, une découverte la retient : trois Bibles françaises écrites sur parchemin, l'une richement enluminée, voisinent avec un Boccace « bien historié » ; ce mélange de sacré et de profane ne saurait effaroucher la nouvelle reine en ce siècle peu suspect de pruderie.

Pour tout dire, elle s'ennuie dans ces Pyrénées qu'elle n'appréciera que plus tard. Et quand Anne de Montmorency la prie de revenir, point n'est besoin d'insister. Marguerite regagne la Cour où elle reprend ses habitudes.

Où en sont les choses au royaume de France ?

Malgré la captivité de ses fils garants de l'exécution du traité de Madrid, le Roi conclut une Sainte Ligue placée sous l'égide du pape Clément VII. Entraient dans l'alliance Venise, Florence, Milan et Gênes. Aux envoyés italiens réunis à Cognac, il adresse une vive protestation contre ce traité qui lui fut extorqué :

« ... Le Saint-Père ignore-t-il la manière dont on en a usé à mon égard ? Avec combien de fourberie et d'astuce on s'est joué de ma crédulité, et avec quelle dureté on a insulté à mon malheur ? »

Puis, François Ier compare avec amertume son sort avec celui de Jean le Bon, jadis traité en ami par un vainqueur généreux. Par contraste, Charles-Quint en est plus odieux. Le roi rappelle qu'il n'obtint pas l'honneur d'une visite de l'empereur qui le menaçait de le tenir en prison jusqu'à la fin de ses jours. On l'avait pourtant informé que le roi, simple usufruitier de la monarchie, ne pouvait démembrer le royaume de France.

Le roi ajoute que toute l'Europe est menacée par l'ambition de Charles-Quint et il met en garde les Italiens contre ce danger : « Si vos maîtres aspirent à conserver leur liberté et leur indépendance, ils me trouveront toujours disposé à m'unir avec eux, non pour recouvrer aucune possession au-delà des monts, mais uniquement pour les secourir et forcer notre ennemi commun à me rendre mes enfants à des conditions supportables. »

La fureur de Charles – Quint le porta à exercer une vengeance odieuse sur des innocents ; on sépara les enfants de leurs gentils-hommes et officiers français qui furent emprisonnés ou envoyés aux galères où certains moururent. Il ne demeura auprès du dauphin et de son frère que Monsieur de Brissac et son épouse ; et le sort des petits princes se fit plus sévère.

François Ier, indigné, envoie une protestation par son roi d'armes : Guyenne. L'empereur réplique : il faut vider cette querelle en champ clos. Le défi est aussitôt relevé par le roi :

« François, par la grâce de Dieu, Roi de France, seigneur de Gênes, à vous Charles par la même grâce élu Empereur des Romains et Roi des Espagnes, faisons savoir que nous étant avertis qu'en toutes les réponses que vous faîtes à nos ambassadeurs et hérauts envoyés devers vous pour le bien de la paix, vous voulant sans raison excuser, nous avez accusé en disant que vous aviez notre foi, et que sur icelle, outre notre promesse, nous en étions allés et partis de vos mains et de votre puissance..., nous disons que vous en avez menti par la gorge, et qu'autant de fois vous le direz, vous mentirez, étant délibéré de défendre notre honneur jusqu'au dernier bout de notre vie, par quoi, puisque, comme dit est, vous nous avez voulu charger contre vérité, dorénavant ne nous écrirez aucune chose, mais nous assurez le camp, et nous vous porterons les armes, protestant que si après cette déclaration en autres lieux, vous écrivez ou dites paroles qui soient contre notre honneur, que la honte du délai du combat sera vôtre, vu que venant audit combat, c'est fin de toutes écritures... »

93

Dix ans plus tard, l'Empereur lancera à son tour un défi au roi en des termes d'une originalité telle que ce combat eût été... singulièrement singulier.

En Italie, le connétable de Bourbon mit le siège devant Rome et fut mortellement blessé dans l'assaut du rempart. Dans ses passionnants Mémoires, Benvenuto Cellini raconte la fin du connétable. Il écrit : « Je dirigeai mon arquebuse vers le groupe de combattants qui me parut le plus nombreux et le plus serré, et je visai un personnage qui dominait tous les autres. Il y avait un nuage de poussière si épais que je ne pus distinguer s'il était à cheval ou à pied. Je dis ensuite à Alessandro et à Cecchino de faire feu, et je les postai de manière à esquiver les balles des assiégeants. Lorsque chacun de nous eut tiré deux fois, je m'approchai de la muraille avec précaution, et je vis qu'il régnait parmi les ennemis une confusion extraordinaire, occasionnée par une de nos arquebusades qui avait tué le connétable de Bourbon. Comme on le sut plus tard, il n'était autre que ce personnage que j'avais aperçu dominant ceux qui l'entouraient. »

Pour venger sa mort, ses gens firent un carnage épouvantable, ne pouvant se rassasier de tuer. Alors se déroulèrent des scènes d'horreur qui n'épargnaient personne : hommes, femmes, enfants, vieillards, prêtres, religieuses ! Tout fut profané et pillé. Le « sac de Rome » est tristement célèbre dans l'histoire.

Le sultan Soliman le Magnifique, allié de François Ier, par son offensive sur Vienne contraignit Charles-Quint à traiter précipitamment. La paix fut signée à Cambrai et on l'appela « La paix des Dames » car l'empereur était représenté par sa tante Marguerite d'Autriche, jadis fiancée à Charles VIII, et c'est Louise de Savoie qui lui tenait tête. Les deux partenaires avaient été élevées par Anne de Beaujeu, Louise en parente pauvre, Marguerite en future reine de France. Nous avons dit l'amertume de celle-ci délaissée par Charles VIII en faveur d'Anne de Bretagne :

« Moi, Marguerite de toutes les fleurs le choix,
Ai été mise au grand verger françois
Pour demeurer auprès des fleurs de lis.

Là ai vu joutes, et danses et tournois,
Et maintenant, je vois et je connois
Que ces grands biens me sont pris et faillis ! »

Et ses regrets s'étaient transformés en véritable haine contre la France. S'il n'avait tenu qu'à elle, l'empereur n'aurait pas libéré François dont elle était cependant la tante par alliance. En effet, elle était veuve de Philibert, frère cadet de Louise de Savoie, qu'elle regretta toute sa vie. Assez curieusement, la calomnie n'épargna pas cette fille accomplie, épouse parfaite, veuve douloureuse. Les mauvaises langues lui attribuèrent un « amant vert », mystérieuse personne que nul ne pouvait identifier. La postérité s'interrogea jusqu'au jour où l'on reconnut que cet amant vert chanté par Lemaire de Belges, cet heureux mortel était... un perroquet ayant jadis appartenu à sa mère Marie de Bourgogne, la fille du Téméraire.

Les discussions furent âpres et serrées entre les deux belles-sœurs. Marguerite d'Autriche finit par renoncer à la Bourgogne. En contre-partie, elle exigea la somme considérable de deux millions d'écus d'or pour la rançon des enfants royaux. Marguerite de Navarre, présente à Cambrai, n'eut cependant qu'un rôle plutôt décoratif dans les négociations.

Le 5 juillet 1530, un courrier envoyé à Paris apprend que les petits François et Henri étaient arrivés à Bayonne l'avant-veille. On publia aux carrefours : « De par le roi notre sire, on vous fait assavoir que nos seigneurs les Enfants de France sont, Dieu aidant, délivrés. Et pour ce qu'un chacun de nous, comme loyaux sujets, en doit rendre grâces et louanges à Dieu, est enjoint, pour tout le jour, fermer ouvroir et cesser de toutes œuvres, et en soient faits les feux de joie. »

Eléonore, sœur de Charles-Quint, accompagnait les petits princes. Depuis le traité de Madrid, déjà ancien, elle était fiancée à François Ier ; aussi, dès ce retour, leur mariage fut-il célébré en Gascogne.

L'absence de Marguerite à toutes les cérémonies et réjouissances qui marquent cette période semble surprenante ; mais, qu'on se rassure, la reine de Navarre est indisponible par suite d'un heureux événement qui comble tous ses vœux ; c'est le 15 juillet que naît le petit prince Jean, frère de Jeanne d'Albret âgée de deux ans bientôt.

Son remariage et ses heureuses maternités n'ont-ils point éloigné la sœur du roi des questions religieuses qui la passionnaient tant à une époque récente ? Et où en sont les choses depuis la dispersion du cénacle de Meaux ? D'abord sympathisante à l'évangélisme, Louise de Savoie, régente en l'absence du roi, juge opportun de se concilier le clergé ainsi que le Parlement, violemment ennemis des novateurs. Elle leur donne donc des gages et autorise la répression de l'hérésie. L'ère des martyrs va commencer. On se souvient du jeune Leclerc, ce cardeur cruellement flagellé à Meaux sous les encouragements de sa vaillante mère ; réfugié à Metz, il ne cessait de penser aux mots de l'Exode : « Tu briseras les faux Dieux ». Et il passa aux actes en brisant la statue de la Vierge la veille d'une fête qui lui était consacrée.

Face à la fureur populaire, il ne désavoua rien. On épuisa sur lui tous les supplices, le fer et le feu ; on lui coupa le poing, on lui arracha le nez, puis on lui tenailla les deux bras et on lui brûla les mamelles. Pendant ce temps, il criait les violentes moqueries des psaumes. Son endurance épouvanta ses bourreaux qui le brûlèrent à petit feu.

Ceci se passait pendant la captivité du roi.

Le Parlement de Paris, de son côté, voulait faire exécuter un gentilhomme picard, Louis de Berquin, célèbre humaniste et défenseur intrépide des idées nouvelles. Il fut sauvé du bûcher par l'intervention de Marguerite, qui, même au loin, en Espagne où elle avait tant de soucis, veillait sur ses protégés. A peine arrivé à Bayonne, le roi avait écrit impérativement en faveur de Berquin ; on n'osa passer outre à son ordre de surseoir. Déjà, du fond de sa geôle madrilène, il était intervenu pour le grand humaniste Lefèvre d'Etaples dès que sa sœur l'avait alerté, mais le Parlement ne s'en était guère soucié : Madrid était si loin ! Et Lefèvre avait dû prendre le chemin de l'exil.

Le retour du roi fut le triomphe des hommes de la Renaissance et de la Réforme. Le vieux Lefèvre fut rappelé et se vit même confier l'éducation du plus jeune fils de François Ier, Charles d'Angoulême, le plus aimé des enfants royaux, tant de son père que de sa tante. Les protestants, rassurés, remettaient au roi un ouvrage d'une belle éloquence que lui dédiait le Suisse Zwingli : « Vraie et fausse religion ».

L'espoir renaissait en France, quand un événement inattendu remit tout en cause.

Le 30 mai 1528, la statue d'une Vierge de la rue des Rosiers fut trouvée mutilée ce qui provoqua une grande émotion. Cette mutilation de la Vierge venait tellement à point pour Béda, le syndic de la rétrograde Sorbonne qu'il est permis de se demander si elle fut l'œuvre d'un fanatique ou d'un provocateur. Voyons les faits. Erasme, écrivain qui rayonnait sur toute l'Europe, avait découvert dans un pamphlet de Béda quatre-vingt mensonges, trois cents calomnies, quarante-sept blasphèmes. Son ami Berquin, de son côté, se fit fort de prouver par l'Evangile que Béda n'était pas chrétien. Le roi s'amusa de l'affaire qu'il jugea propre à perdre le redoutable syndic. Il écrivit à l'Université que « COMME LA FACULTE DE THEOLOGIE AVAIT L'HABITUDE DE CALOMNIER », il défendait qu'elle imprimât rien sur l'accusation avant tout examen par l'Université et le Parlement.

C'est quelques mois plus tard que se produisait cet attentat qui renversait la situation. Pour en mesurer la gravité, il faut savoir que la masse du peuple était fort idolâtre. Le roi lui-même partageait ce sentiment. Les confréries de la Vierge étaient innombrables ; elles comprenaient des gens de toutes classes, prêtres, étudiants, marchands, femmes. Pour eux tous, ce sacrilège était intolérable. Et l'on ne se gênait plus pour accuser le roi de favoriser l'hérésie.

Ces confréries avaient leur centre dans le clergé de Paris, et leurs orateurs étaient gens du pays latin que la Sorbonne dominait par les confréries d'une part, et par ailleurs le monde des séminaires appelés alors collèges lui était soumis. Il était peuplé d'« écoliers » dont beaucoup étaient âgés de trente ans ! Ce n'est pas seulement à la fin du siècle que se manifestera l'esprit de la « Ligue ». Il existe déjà dans les Capets de Béda. Michelet les présente ainsi : « Forts de leur nombre, ivres de cris, étalant superbement la crasse de leurs toges habitées, l'armée des séminaristes battait de sa vague noire les deux murs de la rue Saint-Jacques, venait heurter au Palais fièrement, impérieusement. Et par derrière, fort serviles, dociles au moindre signal de « NOS MAITRES » de Sorbonne, qui les faisaient arriver aux cures et autres bénéfices... »

L'ambassadeur vénitien Marino Cavalli, écrira vers la fin du règne de François Ier que l'Université de Paris compte de seize à vingt mille étudiants, la plupart misérables, rassemblés dans les collèges fondés dans ce but. Le salaire des professeurs est faible et leurs obligations très grandes ; cependant, la concurrence y est forte à cause du prestige attaché à leur titre. Les maîtres de Sorbonne sont investis d'une très haute autorité sur les hérétiques ; pour les punir, « ils les rôtissent tout vivants ».

De différentes Universités arrivaient bien des étudiants de mentalités opposées. Ainsi, se trouvait à Paris depuis trois mois lors de l'attentat contre la statue de la rue des Rosiers, venu d'Alcala, le « CHEVALIER DE LA VIERGE » Ignace de

98

Loyola, capitaine émérite, voué à la Vierge depuis six années, il avait traversé toutes les phases du mysticisme et mené une existence des plus mouvementées. Ermite, mendiant, militaire, pèlerin à Jérusalem, étudiant. On peut imaginer l'ascendant que prit sur les écoliers ce brave capitaine, glorieusement blessé, aux yeux battus et déprimés à force de pleurer, par averses et à torrents. On peut croire qu'il fut acteur et des plus ardents, dans la campagne pour l'honneur de la Vierge, cet homme si passionné, ce visionnaire qui allait bientôt former la redoutable « Compagnie de Jésus » (ordre des jésuites).

Par une curieuse rencontre, de l'Université de Bourges, vouée aux idées nouvelles et protégée par Marguerite, un écolier venait aussi à Paris ; il avait à peine dix-huit ans et devait aller très loin, le sombre et savant Calvin.

De l'Université de Montpellier, vint également un médecin, un esprit hardi, d'une science universelle, Rabelais, qui gardera un mépris sans bornes des « Sorbonagres ».

Après cet attentat, qu'allait faire le roi ? La masse du peuple était pour les images et suivait le clergé et les confréries. François ne pouvait manquer de suivre le mouvement. Il était d'ailleurs irrité de voir compromettre l'ordre et mépriser l'autorité.

Pendant toute une semaine, il y eut des processions expiatoires. D'abord, ce fut celle grave et nombreuse du clergé, puis celle bruyante et interminable du noir peuple universitaire, de tous ses Capets et des ordres mendiants. Venait enfin, la procession éblouissante du roi, des grands, de la noblesse. Le premier jour, le souverain demanda pardon à l'image ; le lendemain, le roi très-chrétien s'en vint descendre la statue mutilée et la remplaça par une autre d'argent. Sa piété et son émotion lui gagnèrent le cœur du peuple. Ses yeux emplis de larmes témoignaient de sa douleur aux yeux de tous. Comment désormais le soupçonner de favoriser les hérétiques ?

A la criée, on promit une récompense de 10 000 écus à toute personne permettant de trouver le coupable. On ne le trouvera pas. Alors, plus tard, sera envoyé au supplice un personnage de choix, ennemi et accusateur de Béda ; il s'agit de l'humaniste Louis Berquin, l'égal de Lefèvre. Deux fois poursuivi, il avait été sauvé par le roi, sur la prière de Marguerite. A la faveur d'une absence royale, il fut condamné à la prison perpétuelle ; il fit appel, ce qui indisposa le Parlement. On se hâta de l'expédier au bûcher afin de prévenir toute intervention du roi qui se trouva placé devant le fait accompli, précédent très grave et inquiétant pour les réformés.

On peut s'interroger sur les causes de la fureur populaire lors de cet attentat. L'idolâtrie du culte de la Vierge n'intervient pas seule. C'est la peur qui déchaîne une telle rage. On tremble à l'idée du courroux céleste que risquent d'allumer ces provocateurs. De tout temps, l'ignorance des masses fut utilisée pour dresser celles-ci contre les novateurs, sujets d'inquiétude pour la tranquillité des dirigeants. Pourquoi les vestales étaient-elles sacrifiées si elles enfreignaient leur vœu de chasteté ou si, négligentes elles laissaient s'éteindre la flamme sacrée brûlant en l'honneur des Dieux ? Par crainte des calamités qui risquaient de frapper toute la population.

C'est donc la peur, génératrice de haine qui dresse les gens contre les réformés et approuve la répression la plus rigoureuse et la plus cruelle.

« ... La guerre des religions n'est pas une guerre civile, comme celle des Armagnacs et des Bourguignons. Elle est inexorable, elle dresse l'homme contre l'homme. Elle n'a pas pour but de dominer l'adversaire, mais de le détruire, de le réduire – comme le font les inquisiteurs – en cendres » ...[1]

1. Pierre Miguel : « Les guerres de religion ».

La fin tragique de Berquin qu'elle avait toujours protégé a profondément ému Marguerite qui, pour l'instant, peut seulement espérer une accalmie.

Elle sera plus heureuse dans la question des « Lecteurs royaux ». Depuis plusieurs années, sous l'influence de Marguerite, le roi avait promis la création d'un vaste établissement destiné à devenir une pépinière de savants et d'érudits. Il avait fait de belles promesses mais elles ne se réalisaient guère. Après le traité de Cambrai signé par Louise de Savoie et Marguerite d'Autriche, la paix était assurée. L'érudit Budé pensa que le moment était venu de tenter un nouvel effort. Il écrivit une lettre à François Ier pour lui rappeler tout ce qu'il avait promis et il concluait ainsi : « ... Or, à l'heure qu'il est, on dit que vous n'avez pas tenu vos promesses, et comme je m'en suis porté caution, on s'en prend à moi de ce retard. On se moque de moi et on me traite de parjure. »

Piqué au vif, le roi ne pouvait plus reculer. Mais au lieu du collège royal installé dans des locaux grandioses, on se borna à instituer des cours de langues. Il fallait éviter les réactions hostiles des gens de la Sorbonne, ennemis jurés de l'étude du grec. Les cours furent confiés à des lettrés animés de l'esprit nouveau portant désormais le titre de « Lecteurs royaux ».

Dans une salle tantôt prêtée par le collège de Cambrai, tantôt par celui des Lombards ou du Cardinal Lemoine, le grec fut enseigné par Danès et Toussaint, l'hébreu par Vatable et Guidacerio, et les mathématiques par Fine. Ces hommes sont peu rétribués, mais ils jouissent d'une absolue liberté dans l'organisation de leur enseignement. Nulle contrainte d'horaire, de programme ou de règlement ne leur est imposée.

Leur unique insigne est la cornette, longue bande de soie qu'ils portent autour du cou et qui descend jusqu'à terre. Ils annoncent leurs cours par des placards affichés sur les murs du quartier latin. Voici deux exemples de cette publicité :

« François Vatable, professeur royal en langue hébraïque, continuera le lundi à une heure de l'après-midi, son interprétation des Psaumes.

Pierre Danès, professeur royal en langue grecque, le même jour à deux heures, commentera au collège de Cambrai le livre d'Aristote... Cet ouvrage, imprimé le plus diligemment possible, se vend chez Antoine Augereau, rue Saint-Jacques, à l'enseigne de Saint-Jacques. »

Ces maîtres, travailleurs acharnés, enseignent plusieurs heures par jour toutes les disciplines indispensables à la connaissance de ce monde antique qu'ils s'efforcent de faire revivre et admirer. Ils se comportent en « humanistes », c'est-à-dire selon une conception littéraire qui doit rendre l'humanité plus civilisée, plus noble et plus heureuse, en somme plus complètement humaine. On remet en vogue les idées philosophiques des Anciens, et on y cherche des leçons de vie, en faisant appel à l'esprit et à la réflexion.

Quelle différence avec la desséchante scolastique, méthode d'enseignement de la Sorbonne qui ne s'adresse qu'à la mémoire et ne fait nulle place à l'esprit critique. La guerre est déclarée entre humanistes et scolastiques, les premiers traitant les autres de « barbares » tandis que ceux-ci les accusent de vouloir faire revivre le paganisme.

On ne s'étonne pas que les Lecteurs royaux aient réuni un auditoire enthousiaste venu de province et bientôt d'Europe.

La mode s'en mêle. Il est de bon ton à la Cour de paraître en ces lieux où souffle l'esprit, et l'on y voit au premier rang le roi et sa sœur.

La renommée de tels maîtres s'étend de plus en plus, et les étudiants étrangers affluent, éperdus d'admiration. Quant à

Rabelais, jadis écœuré par la Sorbonne sclérosée, il revit dans cette ambiance digne de son génie :

« Maintenant, toutes disciplines sont restituées, les langues instaurées : grecque sans laquelle c'est honte qu'une personne se dise savante, hébraïque, caldaïque, latine ; les impressions tant élégantes et correctes en usance, qui ont été inventées de mon âge par inspiration divine, comme à contre-fil l'artillerie par suggestion diabolique... Tant y a que, en l'âge où je suis, j'ai été contraint d'apprendre les lettres grecques, lesquelles je n'avais méprisé comme Caton, mais je n'avais loisir de comprendre en mon jeune âge ; et volontiers me délecte à lire les Moraux de Plutarque, les beaux Dialogues de Platon,... attendant l'heure qu'il plaira à Dieu, mon Créateur, m'appeler et commander issir de cette terre. »

Tels furent les débuts modestes mais exaltants du Collège de France, prestigieux établissement, qui célèbre actuellement ses quatre siècles et demi d'existence.

Marguerite, si éprise de toutes sciences et passionnée de culture se met à l'étude de l'hébreu sous la direction du célèbre savant Paul Paradis dit Le Canosse.

Coup sur coup, les deuils cruels frappent la reine de Navarre, atteinte dans ses tendresses les plus vives. Son fils, le petit Jean, né en juillet, enfant plein de santé disparaît en quelques heures à Noël de la même année. De ce jour, elle n'a pas quarante ans, elle sera toujours vêtue de noir. Et au moment où elle pourrait reporter sur la seule enfant qui lui reste l'amour maternel qui emplit son cœur, sa petite Jeanne âgée de deux ans lui est brutalement arrachée pour être élevée à Plessis-les-Tours. Et c'est par son frère que lui vient cette nouvelle souffrance ! François craint que Jeanne d'Albret, désormais héritière de Navarre ne soit fiancée à l'infant d'Espagne et ne devienne l'objet de tractations secrètes avec Charles-Quint en vue de récupérer la Haute-Navarre conquise par Ferdinand d'Aragon du temps de Louis XII. En effet, l'époux de Marguerite ne s'est pas résigné à cette perte, et le roi avait promis à son beau-frère de soutenir ses revendications. Or, la paix de Cambrai récemment conclue reste muette sur ce point litigieux et Henri d'Albret en ressent une légitime amertume.

Nulle plainte n'échappe à la pauvre mère devant ce trait d'ingratitude de celui qu'elle pouvait espérer proche d'elle en sa cruelle épreuve.

L'été suivant, à Gretz, en Gâtinais, Louise de Savoie tombe malade. Sa santé a souvent donné bien des alarmes à sa fille qui l'aime d'une tendresse profonde. Mais, cette fois, c'est très grave, Louise est atteinte de la peste et, sentant sa fin prochaine, réclame son César bien-aimé. Mais il tarde trop et quand il arrive, elle a expiré en murmurant son nom.

Le roi est atterré ; éprouve-t-il quelque remords de son peu d'empressement en son âme légère ? En hommage à cette mère que, de son vivant, il entourait d'infinies prévenances, il rédige une longue épitaphe :

Ci-gist le corps dont l'âme est faite glorieuse,
Dans les bras de celui qui la tient précieuse...
Que direz-vous, la France, en quelle plainte honorable,
Courrez-vous regretter celle tant profitable
Non seulement à vous qui êtes ses amis
Voyant quelle louange elle a des ennemis ?
N'a-t-elle soutenu par son sens et prudence
L'apport de tout malheur venant à vous la France ?
Répondez-moi et dites, pleurant en vérité,
Que bien elle a de tous, los et deuil mérité,
O cœur qui ne sentez de femme que le nom,
Invincible vertu tant digne de renom...
Qui avez triomphé du malheur triomphant,
En sauvant notre honneur, paix, et le vôtre enfant,
En guerre soutenant avec la paix réduite
Par votre grande vertu et très sage conduite,

Las, comme est grand votre heur puisqu'en haut habitez,
Car çà bas, nous avons de maux infinités.

C'est naturellement la dévouée Marguerite qui, sans crainte de la contagion, la soigna et l'assista jusqu'à la fin. Elle consacre à sa mère disparue de longues pages dans son admirable poème : « Les prisons. »

« ... S'il vous plaist, Amye, d'une femme
Qui de son temps par sus toutes eut fame, (renommée)
Je vous dirai comment elle mourut,
Et comme Foi mourant la secourut.
Un village est que l'on nomme Grès, (Gretz)
Près de Paris, lieu rempli de regrets,
Car là mourut Louise de Savoie,
Qui de vertu avait suivi la voie,
Mère du Roi François, qui avait d'âge
Cinquante-cinq ans, l'an de son voyage.
Voyant la fin peu à peu approcher
Loin de son fils qu'elle tenait tant cher,
Lequel fuyant la peste fut contraint
De s'éloigner, dont il eut regret maint ;
Pas ne pensait si tôt perdre sa mère,
Dont il porta douleur trop plus qu'amère :
Elle ayant fait de sa vie le cours
En longs ennuis et en plaisirs bien courts,
Ce que chacun peut clairement savoir ;
En tous états ayant fait son devoir
Avec honneur et conscience pure,
Autant ou plus que fit onq créature. »

Ensuite, Marguerite développe la vie, très idéalisée, de sa mère.

Elle insiste maintenant sur la valeur de son gouvernement :

« Sa grand prudence et son bon jugement
Fut bien connu quand le gouvernement

105

De son royaume elle seule soutint,
Dont très grand bien au roi son fils advint :
Car, quand il fut de prison retourné,
Trouva le tout si très bien ordonné,
Le pays partout, soit privé ou étrange,
Qu'il en donna à sa mère louange... »

Marguerite note le bonheur de la régente au retour des enfants royaux, si longtemps prisonniers. Depuis quatre ans les angoisses ont tant affecté Louise de Savoie que son corps se détruit et qu'elle souhaite la mort.

Disant : « Seigneur, las ! pourquoi tardez-vous ?
J'ai fait çà bas tout ce que j'ai pu faire,
Je ne suis plus au monde nécessaire :
Plaise vous donc pour vôtre m'avouer
En me tirant à vous pour vous louer. »

Ses derniers instants sont ceux d'une chrétienne à la foi ardente. Elle se désespère seulement à la nouvelle que le roi ne peut venir à temps :

« Lors fit un cri quand elle ouit cela,
Et en pleurant amèrement parla :
« O mon enfant ! ne te verrai-je point !
Faut-il partir de ce terrestre lieu
Sans te baiser pour le dernier adieu ! »

Puis elle se résigne et pense même que c'est mieux ainsi, car ni l'un ni l'autre n'auraient supporté ces derniers instants. Elle prie donc le Seigneur.

« De lui donner la bénédiction
A lui, aux siens et à toute sa race. »

Les yeux tournés vers le ciel, en souriant, elle cessa de vivre.

« Ainsi passa, digne d'heureux renom,
Celle qui eut et vivante et mourante
Foi en Dieu seul, amour et vraie attente. »

Sa première tristesse passée, Marguerite ne quitte pas le roi qui la prie de ne point retourner dans ses terres, mais de rester près de lui. C'est à elle désormais que l'on s'adresse pour toucher le roi. Tout personnage de marque qui passe en France vient la saluer. Quand l'ambassadeur de Venise lui porte les condoléances de la Seigneurie, elle lui dit la sympathie de sa mère pour sa République, et l'ambassadeur se félicite de lui avoir fait son compliment car elle jouit du plus grand crédit.

Elle accompagne son frère dans tous ses déplacements, toujours très nombreux. Le dauphin venait d'être nommé gouverneur de Normandie. Le 6 février, Marguerite accompagne la Reine Eléonore lors d'une entrée solennelle à Rouen qui se surpassa et donna le spectacle de fêtes magnifiques. Le mois suivant, le roi rendit visite à sa sœur à Argentan où il fit ses Pâques. Fin mai, nous retrouvons Marguerite à Châteaubriant où elle reçut les hommages de différents ambassadeurs. Voyageuse infatigable, en juin, elle se trouve à Rennes, puis gagne Tours, séjourne en août à Alençon, puis rejoint la Cour à Nantes.

Marguerite ne se doutait pas de l'orage qui s'amassait contre elle. Le terrible Béda ne lui pardonnait pas la protection qu'elle accordait aux réformés ni surtout la publication du « Miroir de l'âme pécheresse ».

Ce poème est la première des confessions de foi publiées par la reine de Navarre. La composition ne vaut pas les productions postérieures de la reine, et son style rappelle encore par endroits celui des lettres à Briçonnet, mais Marguerite parle en adepte convaincue des principes de la Réforme. Elle pose comme premier principe la doctrine de la justification par la foi. Et elle expose pour la première fois une idée qu'elle développera par la suite avec éloquence, celle de la déchéance humaine et de la « délivrance » du pécheur susceptible de parvenir par la foi à la justification finale.

> « Qui sera-ce qui me délivrera,
> Et qui tel bien pour moi recouvrera ?

Las ! ce ne peut être un homme mortel,
Car leur pouvoir et savoir n'est pas tel :
Mais ce sera la seule bonne grâce
Du tout puissant, qui jamais ne se lasse,
Par Jésus-Christ, duquel il se recorde,
Nous prévenir par sa miséricorde. »

Lors de la rédaction du « Miroir », la reine est encore dans l'enthousiasme qu'excitent chez les esprits généreux les promesses du temps. Une immense espérance s'est levée avec la fondation du Collège de France. La tranquillité extérieure paraît assurée pour longtemps ; les luttes religieuses semblent assoupies. On peut croire que la religion évangélique va être restaurée dans sa pureté première, de même que les lettres antiques.

Les idées exprimées dans ce poème portent l'empreinte de la Réforme telle que la concevaient en France ses partisans les plus avoués. Il est significatif que Marguerite juge inutile l'intercession des saints :

« Car il n'y a homme, ni saint, ni ange
Par qui le cœur jamais d'un pécheur change. »

Le culte même de la Vierge est loin d'être idolâtre. S'adressant à Marie, la reine lui dit ne vouloir
« édifier louange à vous plus grande que l'honneur
Que vous a fait le souverain Seigneur. »

Cette œuvre reflète les idées de Briçonnet et du Cénacle de Meaux. On a pu dire qu'elle clôt pour Marguerite les années d'apprentissage en matière de spéculations religieuses. Désormais, elle volera de ses propres ailes.

Le « Miroir » fut publié en même temps que son « Dialogue en forme de vision nocturne », son premier ouvrage, écrit après la mort de sa nièce la petite Charlotte. Elle y expose les questions qui la troublent : Quel est le sort de l'âme chrétienne ? et comment préparer son salut ?

Ses réponses sont que la mort n'est rien pour un chrétien

s'il a la foi. Tout repose donc sur la grâce et l'amour divin. Les œuvres ne sont rien si elles ne représentent que des gestes formels ou des pratiques intéressées.

La première impression du « Miroir » n'avait provoqué aucune émotion ; il en va tout autrement de la seconde édition deux ans plus tard. Le vindicatif Béda attendait l'occasion de lui nuire. Pour le moment, les fêtes du Carnaval sont célébrées avec faste à la Cour. Marguerite paraît au festin royal dans tout son éclat. François Ier reçoit dans deux salles ornées de tapisseries. Elle s'entretient avec les ambassadeurs d'Angleterre et d'Espagne, puis s'attarde avec Marino Justiniano, envoyé de Venise. Elle est heureuse de lui dire que ces tapisseries tant admirées ont été brodées par sa mère et par elle-même. Et elle évoque ses souvenirs d'enfance, puis, détendue, parle de son mari dont elle se loue.

En ce carême, elle ne songe pas qu'aux divertissements. Elle fait appel pour prêcher au Louvre à trois novateurs : Gérard Roussel et deux augustins : Bertault et Courault. Le roi se trouve en Picardie, laissant à Paris sa sœur et son beau-frère. Le succès de Roussel est si grand que trois fois il lui faut changer de salle pour accueillir une foule de quatre à cinq mille personnes se pressant pour l'entendre. Parmi les auditeurs, se trouvent des lecteurs royaux Vatable, Toussaint, Danès. Les hommes surtout suivent ces prêches avec un extrême plaisir. « Tous les hommes sont au Louvre » disait-on.

La Sorbonne prend ombrage d'un tel succès ; et Béda provoque, en différentes églises, de très vives ripostes. On ne s'en tient pas là. Une liste des propositions suspectes énoncées par Roussel est dressée et les deux parties s'insultent dans des placards affichés sur les murs.

Certains fanatiques vont plus loin. Un certain François le Picart, régent du collège de Navarre ose accuser publique ment le beau-frère du roi d'hérésie, et tente de soulever le peuple contre lui. La population était partagée entre les prédications de Roussel et les invectives de Béda. On insulte également Marguerite. Son mari se plaint au roi en parlant habilement de révolte menaçante ce qui irrita François et l'incita à sévir. Béda, instigateur du trouble public fut exilé. L'ennemi est réduit au silence, mais reste vigilant. On n'est pas sans constater que le roi multiplie les mesures en faveur des idées nouvelles ; il vient de nommer des lecteurs royaux, il soutient les prédicateurs tels que Roussel. Est-on à la veille d'une « réforme sans schisme » ? Telle n'est pas la solution souhaitée par François qui, soucieux de ménager le pape et les protestants d'Allemagne, attend que tout s'apaise.

On fait le procès de Roussel pour examiner les propositions déclarées suspectes par la Faculté. Marguerite plaide sa cause auprès du grand maître Montmorency, se portant garante de son orthodoxie, elle veut qu'on déclare hautement qu'il est son protégé. Le roi se rend à Marseille où il doit rencontrer le pape ; Henri va le rejoindre, tandis que Marguerite reste à Paris car une grossesse s'annonce. Elle pensait être tranquille quand survient un incident des plus fâcheux dans ses propres Etats d'Alençon. Deux de ses sujets ont commis un sacrilège sur les statues de la chapelle Saint-Blaise à Alençon. Le Parlement de Paris s'informe ; il y a plusieurs inculpés. Puis le roi nomme des commissaires et déclare incompétents les juges d'Alençon. On imagine la contrariété de Marguerite devant le zèle indiscret et maladroit de ces réformés. En toute hâte, elle écrit à son frère pour décliner toute responsabilité dans ce sacrilège. Sa lettre croise celle du roi qui lui maintient son estime.

A la suite de cet incident, la Sorbonne se montre brutale dans ses attaques contre Marguerite. Au début d'octobre, on représente au collège de Navarre une farce où elle est violemment prise à partie ainsi que Roussel, sous une fiction transparente. Une furie (Roussel) étourdit une fileuse (Marguerite), l'affole par ses prêches. La reine, blessée, exige la punition des coupables. Le prévôt, escorté d'archers, occupe le collège mais ne peut y découvrir l'auteur de la farce. Il se borne à saisir quelques-uns des acteurs.

Alors, la Sorbonne suivra une autre voie.

La Faculté dressait la liste des livres suspects d'hérésie qu'elle souhaitait voir condamner. Or, les premiers mois de 1533, paraissait une réédition du « Miroir de l'âme pécheresse ». On inscrivit sur cette liste cet ouvrage auquel rien n'avait été reproché deux ans auparavant. Marguerite, indignée, s'adressa au roi qui exigea des explications. Les maîtres de la Faculté des Arts, moins fanatiques que les théologiens s'irritèrent d'une telle attitude envers une princesse « mère de toutes les vertus » et amie des lettres. Tout le monde affirma que ce livre n'avait jamais été condamné. Cette mesure avait été prise par le Clerc, curé de Saint-André-des-Arts qui déclara n'avoir signalé le « Miroir » que parce qu'il avait été publié sans l'autorisation de la Faculté. Celle-ci dut faire amende honorable. Marguerite était d'autant plus à l'aise dans cette lutte que le pape la ménageait car il était en pourparlers avec François Ier pour le mariage de sa nièce Catherine de Médicis avec le second fils du roi Henri, duc d'Orléans. Il ne désirait donc pas s'aliéner une princesse aussi influente. De Provence, il poussa l'amabilité jusqu'à lui écrire à deux reprises pour la féliciter de sa piété, appeler sur elle et sur l'enfant qu'elle attendait les bénédictions du ciel. Il lui accordait même la faveur de rompre l'abstinence en carême et les jours de jeûne. Hélas ! cette grossesse n'aboutira pas.

Béda dut faire amende honorable au parvis de la « grande église Notre-Dame » écrit le « Bourgeois de Paris » qui ajoute « à cause de quelques lettres qu'il avait écrites, lesquelles furent présentées au roi qui les envoya à la cour de Parlement, avec injonction de faire la justice du dit Béda ». Il fut enfermé

111

au Mont Saint-Michel où il mourut. Selon son épitaphe, la Faculté de théologie qui s'était cotisée en sa faveur fit faire un service solennel lors de ses obsèques. C'est Robert Ceneau, évêque d'Avranches, qui prononça son oraison funèbre.

Gérard Roussel se voyait absous, par un décret royal, des accusations d'hérésie qui pesaient sur lui. La prédication évangélique reprenait. L'influence de Marguerite est prépondérante et va éclater aux yeux de tous en une circonstance grave. La Faculté délégua de nouveau un de ses membres pour supplier le roi de défendre la foi. L'orateur eut la maladresse d'accuser la reine de Navarre d'être la protectrice attitrée des réformés. François, furieux, le fit emprisonner et s'emporta contre Montmorency. Il faut savoir que celui-ci avait tenu des propos semblables au souverain, lui disant qu'il devait sévir d'abord contre sa sœur, réflexion qui lui attira cette réplique :
– « Ah ! celle-là, elle m'aime trop et ne fera jamais rien qui puisse me nuire. » Et Marguerite rencontrant le grand maître lui avait parlé vertement, lui rappelant qu'elle était la sœur du roi alors qu'il en était le serviteur.

Ce Montmorency, qui appartenait à une des principales familles du royaume était un catholique exalté qui donnera sa pleine mesure lors des guerres de religion. Brantôme en trace un portrait saisissant. Il le montre « ne manquant à ses dévotions ni à ses prières, car tous les matins, il ne faillait de dire et entretenir ses patenôtres, fût qu'il ne bougeât du logis ou fût qu'il montât à cheval et allât par les champs, aux armées ; parmi lesquelles on disait qu'il se fallait garder des patenôtres de Monsieur le Connétable car en les disant et marmottant lorsque les occasions se présentaient, comme force débordements et désordres, il y arrivait maintenant, il disait : « Allez-moi prendre un tel, pendez-moi un tel, attachez celui-là à cet arbre ; faites passer celui-là par les piques tout à l'heure, ou les arquebuses, tout devant moi ; taillez-moi en pièces tous ces marauds qui ont voulu tenir ce clocher contre le roi ; brûlez-moi ce village ; boutez-moi le feu partout à un quart de lieue à la ronde... sans se débaucher nullement de ses paters jusqu'à ce qu'il les eût parachevés... il n'eût pas remis ses paters à une autre heure, tant il était consciencieux. » Il avait gagné le surnom de « CAPITAINE BRULE-BANC » après avoir fait brûler la chaire et les bancs des auditeurs à Popincourt où se réunissaient les réformés. Au début des guerres civiles, il fit pendre des prisonniers, leur disant : « puisque vous marchez sur vos têtes et nous sur nos pieds, il faut que vous passiez par là. »

Telle était la mentalité de cet homme de fer, heureusement neutralisé pour l'instant. Il n'avait rien osé répondre à Marguerite et l'avait quittée « pâle comme un mort ».

La sœur du roi est sortie triomphante de la lutte et ses amis reprennent courage. Tous les espoirs semblent permis quand soudain, la querelle va se ranimer et la situation se retourner totalement, d'autant plus qu'un scandale éclaboussait des moines. Les cordeliers d'Orléans, irrités contre la femme du prévôt de cette ville, morte sans leur avoir fait de legs, imaginèrent une farce macabre pour faire croire qu'elle était damnée. Comme aux heures de matines, son âme gémissait sous les voûtes de l'église, ils refusèrent d'y célébrer l'office ; et la damnée devait être déterrée et jetée à la voirie. Mais le veuf, muni d'un ordre du roi pour fouiller l'église, empoigna l'âme qui était un jeune novice. Les moines, amenés à Paris, furent jugés et condamnés à l'amende honorable. Le parti des théologiens ne sortit pas grandi de l'affaire. Et soudain, un événement imprévu retourna la situation comme lors de la mutilation de la Vierge. Dans la nuit du 17 au 18 octobre 1534, à Paris, Orléans, Amboise, Blois, et jusque sur la porte de la chambre du roi, des placards d'une extrême violence contre la messe furent affichés. Oeuvre de réformés imprudents ?

Agissements de provocateurs comme le pensaient Marguerite et bien des gens clairvoyants ? L'histoire en offre maints exemples, on cria au complot, et des processions expiatoires furent organisées, tandis que se multipliaient arrestations et exécutions. Ces sanctions furent autorisées par le roi, furieux de cette atteinte à son autorité.

Le 29 janvier, le roi lui-même prit part à une procession avec ses trois fils. Il cheminait à pied, tête nue, un cierge ardent en la main. Pendant cette procession, dans les principales places de la ville six personnes furent brûlées vives sous les huées d'une foule déchaînée qui faillit les arracher des mains du bourreau pour les mettre en pièces. Ce n'étaient pas les premiers martyrs. Ces affreux sacrifices humains commencés peu après l'affichage des placards se poursuivirent jusqu'en juin. Mais suivons le récit du « Bourgeois de Paris » :

« Audit an 1534, 10 novembre, furent condamnés sept personnes à faire amende honorable en un tombereau, tenant une torche ardente, et à être brulées vives. Le premier desquels fut Barthélémy Mollon, fils d'un cordonnier, impotent, qui avait lesdits placards. Et pour ce, fut brûlé tout vif au cimetière Saint-Jean. Le second fut Jean Du Bourg, riche drapier, demeurant rue Saint-Denis, à l'enseigne du Cheval-Noir. Il avait lui-même affiché de ces écriteaux. Il fut mené faire amende honorable devant Notre-Dame, et de là aux Innocents, où il eut le poing coupé, puis aux Halles, où il fut brûlé tout vif, pour n'avoir pas voulu accuser ses compagnons. Le troisième, un imprimeur de la rue Saint-Jacques, pour avoir imprimé les livres de Luther. Brûlé vif à la place Maubert. Le 18 novembre, un maçon, brûlé vif rue Saint-Antoine. Le 19, un libraire de la place Maubert, qui avait vendu Luther, brûlé sur ladite place. Un grainier aussi et un couturier demeurant près Sainte-Avoye. Mais pour ce qu'ils en accusèrent et promirent d'en accuser d'autres, la cour les garda.

Le 4 décembre, un jeune serviteur brûlé vif au Temple. Le 5, un jeune enlumineur brûlé au pont Saint-Michel. Le 7, un jeune bonnetier fut, devant le Palais, battu nu au cul de la charrette, et fit amende honorable.

Le 21 janvier, trois luthériens (dont le receveur de Nantes) brûlés rue Saint-Honoré, et un clerc du Châtelet ; un fruitier devant Notre-Dame. Le 22, la femme d'un cordonnier, près Saint-Séverin, lequel était maître d'école et mangeait de la chair le vendredi et le samedi.

Le 16 février, un riche marchand, de cinquante à soixante ans, estimé homme de bien, brûlé au cimetière Saint-Jean.

Le 19, un orfèvre et un peintre du pont Saint-Michel, battus de verges. Le 26, un jeune mercier italien et un jeune écolier de Grenoble furent brûlés ; l'écolier, pour avoir affiché la nuit des écriteaux (par ordre d'un maître de l'Université, chez qui il demeurait).

Le 3 mars, un chantre de la chapelle du roi, qui avait attaché au château d'Amboise, où était le Roi, quelques écriteaux, fut brûlé à Saint-Germain-l'Auxerrois.

Le 5 mai, un procureur et un couturier furent traînés sur une claie au parvis Notre-Dame, menés au Marché aux pourceaux, pendus à des chaînes de fer, et ainsi brûlés... et de même, un cordonnier au carrefour du Puys-Sainte-Geneviève, qui mourut misérablement sans soi repentir.

« Et furent leurs procès avec eux brûlés. » On voit l'aggravation du sort de ces malheureux depuis mai. Les chaînes de fer prolongent le supplice du patient en empêchant le corps de s'affaisser dans le feu.

Le maçon brûlé le 18 novembre s'appelait Antoine Poille et était originaire de la région de Meaux. On aggrava son supplice. Il monta au bûcher « la langue percée et attachée par un fer à la joue qui lui fut ouverte en cruel et horrible spectacle pour l'empêcher de parler au peuple ».

Dès l'affaire des placards Marguerite s'était éloignée de la

Cour où elle n'avait plus sa place quand le roi persécutait ses protégés. D'ailleurs était-elle assurée de ne courir aucun risque dans ce déferlement de haine ? On ne l'avait guère ménagée ces dernières années : un furieux, le prieur des Franciscains souhaitait même la voir cousue dans un sac et jetée dans la Seine.

Mieux valait gagner la Navarre en compagnie de son mari ; leur départ précipité ressemblait fort à une fuite. Accueillis avec joie par leurs sujets, ils parcoururent leurs Etats pendant plusieurs mois. Un jour, ils virent arriver Marot, échappé à grand peine de Paris. Traqué une fois de plus, il cherchait refuge chez sa bonne fée avant d'aller à Ferrare dont la Duchesse, Renée de Franco, fille de Louis XII, était secourable aux persécutés.

L'année suivante, François Ier réalisant qu'il s'aliénait ses alliés, les protestants allemands, accorda une amnistie aux réformateurs. Alors, Marguerite revint en France.

Chapitre V

La France est en danger. Alors, une nouvelle Marguerite se révèle. Galvanisée, elle parcourt avec intrépidité la zone des armées sans pour autant négliger ses activités habituelles. Mais des heurts vont surgir avec le roi qui impose à Jeanne d'Albret un mariage abhorré. De plus, persécutions religieuses et massacres désespèrent la reine de Navarre qui, le cœur amer, s'éloigne de la Cour une nouvelle fois.

Marguerite rejoint son frère à Dijon ; puis la cour se transporte à Lyon au début de 1536, mais sans s'y attarder. Toutefois, le roi revient du 20 mai au 4 août dans cette ville où sa sœur l'a précédé dès avril.

Lyon est alors plus que Paris la capitale intellectuelle de la France. Située au carrefour des routes d'Italie, de Suisse et d'Allemagne, la cité est ouverte aux influences étrangères. Ses foires internationales (où la librairie est à l'honneur) en font un grand marché européen. Son imprimerie connaît à cette époque son âge de gloire et rivalise en éclat avec celle de Paris. Prince de son art, Sébastien Gryphe, Allemand fixé à Lyon, est le plus célèbre éditeur de livres latins et grecs ;

sa renommée est telle que tout écrivain de passage à Lyon se doit de visiter son imprimerie. A sa mort, son ami Charles Fontaine écrira ce quatrain :

« Le grand Griffe qui tout griffe
A griffé le corps de Gryphe ;
Le corps de Gryphe... mais
Non le los (la gloire) ; non, non, jamais. »

D'autres imprimeurs vont briller également à Lyon, tels que Jean de Tournes et l'humaniste Etienne Dolet.

De nombreux commerçants et banquiers italiens venus surtout de Florence et de Gênes constituent un élément important de la riche bourgeoisie où ils ont introduit avec l'esprit de la Renaissance le goût de la vie de société ainsi que l'amour des arts, des plaisirs et des fêtes somptueuses.

Chez ces aristocrates de la fortune, les femmes occupent une place de choix ; leur idéal est la « femme de cour » lettrée et musicienne, digne du gentilhomme accompli, personnages peints dans un ouvrage fort admiré : « Le parfait courtisan » de l'Italien Baldassare Castiglione mort récemment.

Elles ouvrent des salons très recherchés, et l'une d'elles, Madame du Perron a l'honneur de recevoir François Ier et sa famille.

Marguerite se plaît dans cette atmosphère intellectuelle empreinte de liberté et qui porte si haut l'art de la conversation. Elle se sent accordée avec cette société raffinée ; et, résultat heureux, le roi est si détendu qu'il signe un édit de grâce pour les hérétiques en fuite autorisés à rentrer en France s'ils abjurent leurs erreurs.

C'est ainsi que nous retrouvons l'ami Clément Marot. De Venise où il se morfondait, il avait adressé deux épîtres désolées à sa protectrice ; la première lui signalait les brimades subies par Renée de France en punition de l'appui généreux qu'elle apportait aux réfugiés français. Poussé par l'inquisiteur, son mari Hercule d'Este avait emprisonné certains d'entre eux, et Marot avait gagné péniblement Venise. Marguerite, indignée, écrit au pape Paul III en faveur de sa cousine Renée, mais elle n'obtiendra jamais de réponse, ce qui ne saurait surprendre.

La seconde épître insistait sur les tristesses de l'exil. On imagine son empressement à retrouver la reine de Navarre dont l'indulgence lui est toujours acquise. Il convient à ce sujet de dissiper une équivoque au sujet de prétendues relations amoureuses entre le poète de cour et Marguerite. Ce n'est pas pour elle qu'il soupire, mais pour Anne, fille du bâtard d'Alençon, nièce de Marguerite, à laquelle il adresse des élégies délicates. Les poésies galantes qu'il adressait à sa bienfaitrice n'étaient que témoignages de gratitude sincère et badinages autorisés par la reine qui ne se fâchait d'aucune déclaration pourvu qu'elle fût rimée. Elle restait dans les traditions des cours d'amour ; un certain Monsieur de Lavaux lui écrivant qu'il mourrait si elle ne prenait pitié de son martyre, voici sa réponse doucement railleuse :

Vous êtes loin, quoique votre écrit die (dise)
De cette mort par trop d'affection,
Car Dieu merci, vous n'avez maladie,
Montrant ennui, douleur ni passion,
Mais si la mort souffre par fiction,
Quand vous serez par amour trépassé,
Je vous en dois la lamentation,
Et en la fin requiescant in pace. »

Il s'agissait là de jeux de société comme plus tard du temps des Précieuses.

Il se trouvait à la même époque à Lyon de célèbres humanistes qui se sentaient à l'aise dans cette ville sans Parlement ni Université pour les tourmenter.

L'un d'eux, Bonaventure des Périers, érudit fort versé dans les langues latine, grecque et hébraïque a participé à la traduction de la Bible en français sous la direction d'Olivétan,

né à Noyon comme Calvin. Ce travail l'apparente donc aux
évangélistes, ce qui le rend sympathique à Marguerite qu'il
souhaite ardemment approcher. Son ami Antoine du Moulin,
depuis peu secrétaire de la reine lui remet une pièce de vers
écrite par Bonaventure : « L'Impudence des Prognosti-
queurs. » Notre poète, « plein de honte et de crainte », n'ose
se montrer, mais Marguerite, heureuse de faciliter ses débuts,
le met à l'aise par sa bienveillance et lui confie un travail de
copie dont il s'acquitte avec célérité ; et, pour remercier sa
bienfaitrice, il lui adresse des poésies de circonstance à
l'occasion de la Mi-Carême et de Pasques fleuries. Devenu plus
audacieux, il aspire désormais à une fonction dans la maison
de la souveraine et lui adresse une épître suppliante où, tout
en protestant de son « indignité », il présente sa requête.
Pourvu qu'elle le tienne « emprisonné » (pris dans sa maison)
il sera heureux quelles que soient ses attributions : aumônier,
secrétaire, laquais, courrier, voire cuisinier ou valet ; api-
toyée, elle finit par lui accorder une charge de valet de
chambre.

Il ne tardera pas à publier le « Cymbalum mundi » (carillon
du monde) qui comprend quatre dialogues dans lesquels les
principaux acteurs sont les dieux païens et des animaux qui
parlent. Sous le couvert de l'allégorie, l'auteur se livre à une
attaque très vive contre le christianisme, sa liturgie et ses
dogmes, surtout celui de la divinité de Jésus. Personne, au
XVIe siècle, ne s'est approché autant que des Périers de
l'athéisme radical, d'où un scandale sans précédent. Par ordre
du Parlement de Paris, l'ouvrage sera détruit en raison des
« hérésies » décelées sous la fiction apparente. Et l'auteur
n'échappera lui-même au bûcher que grâce à l'heureuse
intervention de Marguerite.

Est-ce la fréquentation d'Etienne Dolet qui le dirige dans
cette voie dangereuse ? Celui-ci, philologue, traducteur, érudit, grand humaniste se trouve à Lyon à cette époque. Après

avoir séjourné quatre ans en Italie, il est allé faire son droit à Toulouse. Présent à l'exécution du juriste hérétique Jean de Caturce, Dolet laisse éclater son indignation avec une telle violence qu'on l'arrête à son tour. Des amis influents parviennent à le faire libérer ; mais deux ans plus tard, le voilà chassé de Toulouse pour avoir attaqué dans d'éloquents pamphlets le Parlement de cette ville en conflit avec les associations d'étudiants. Des esprits chagrins assurent que, tel Alcibiade, il couperait la queue de son chien pour attirer l'attention sur sa personne : son caractère difficile lui crée de tenaces inimitiés, mais sa valeur incontestée lui assure de solides amitiés. Son ami Boyssonné le recommande à Sébastien Gryphe qui l'engage en qualité de simple correcteur aux côtés de Rabelais et de Guillaume Scève, cousin de Maurice Scève, le délicat poète bientôt maître incontesté de la célèbre « école lyonnaise ».

Dans des circonstances assez obscures, Etienne Dolet tue le peintre Compaing qui, semble-t-il, l'avait provoqué. Il s'enfuit alors de Lyon et se rend à Paris pour solliciter la grâce royale. Celle-ci lui est accordée, la thèse de la légitime défense étant retenue. Comme on le pense, l'influence de Marguerite n'est pas étrangère à cet heureux dénouement.

Il est à peu près certain que Maurice Scève fut présenté à la reine pendant son séjour à Lyon. En deux dizains datés de cette époque, il chante la princesse qui ne reste pas insensible aux louanges d'un poète riche de rares talents qu'elle apprécie hautement. Marguerite et ses familiers, notamment son maître de requête Charles de Sainte-Marthe, entretiennent des relations suivies avec les représentants de « l'école lyonnaise ». Et quand la reine reviendra à Lyon dans une dizaine d'années alors que son cœur est meurtri par la plus inconsolable des douleurs, la mort de François Ier, en plein désarroi elle trouvera quelque douceur dans la société de ces âmes d'élite dont elle est si proche.

121

Un domaine tout différent retient l'attention de Marguerite. Il faut savoir que cinq ans auparavant, une grande famine provoquée par de mauvaises récoltes s'est abattue sur la cité. Aussitôt, un magnifique élan de solidarité s'est manifesté, toutes classes sociales fraternellement confondues. Les Lyonnais sont parvenus à assurer 62 912 journées de pain, soit 52 jours pour 5 056 pauvres en moyenne. La crise passée, une idée se fait jour : pourrait-on créer une « Aumône » définitive « afin de nourrir perpétuellement les pauvres de la ville ; en sorte que nécessité ne leur fût plus imposée d'aller mendier çà et là leur vie ? » C'est ainsi qu'est créée « l'Aumône générale » réalisation qui honore grandement l'ancienne capitale des Gaules.

Mais des difficultés financières vont surgir, si bien que les magistrats chargés d'administrer le bureau de bienfaisance s'adressent à Marguerite dont la bonté agissante est connue. Elle leur promet de signaler leurs besoins au roi ; alors, au cours d'un nouvel entretien, ils lui remettent une supplique en règle dont elle se charge volontiers.

C'est dans tout le royaume que la reine de Navarre est considérée comme une fée secourable. A Paris, elle poursuit une enquête sur les causes de la terrible mortalité qui frappe les enfants recueillis à l'Hôtel-Dieu et elle n'a pas manqué d'attirer l'attention du roi sur ce douloureux problème. Premier résultat concret : une commission nouvellement nommée interroge un témoin de choix. Il s'agit d'une religieuse, la prieure de l'Hôtel-Dieu, connue sous l'appellation d'Hélène la Petite. Agée de soixante-six ans, elle sert depuis un demi-siècle « les pauvres malades pour l'honneur de Dieu notre créateur ». Dans cet hôpital, elle a occupé tous les emplois, petite lavandière, puis grande lavandière, ensuite « pouillière », et enfin « apothicaresse chevetaine » (pharmacienne en chef).

Quel tableau effarant elle présente du sort des enfants qui

aboutissent en ce lieu ! Chaque matin, à l'ouverture des portes, on en trouve exposés à même le sol « en danger d'être dévorés par les pourceaux ou d'autres animaux ».

Naturellement, on les recueille et on les baptise. Mais que de problèmes se posent ! D'abord, il faut les nourrir ; or, l'établissement ne dispose que d'une nourrice ; on a recours au lait de chèvre ou de vache.

Et où trouver le temps de s'en occuper quand les religieuses chargées du soin des malades ne cessent de courir de l'un à l'autre de l'aube jusqu'à la nuit ? Négligés bien involontairement, les pauvres petits crient sans cesse, ce qui irrite les malades aigris par la souffrance et peu enclins à la patience.

Ce n'est pas tout encore. Où loger ces petits êtres dans un établissement qui n'est pas conçu à cette destination ? Alors, faute de place, on les entasse dans le même lit par dix ou même douze « tant au pied qu'à la tête ». Dans de telles conditions, ces enfants ne vivent guère. La seule solution envisagée par Hélène la Petite au cours de longues méditations est de les soustraire à cet hôpital pour les conduire en un lieu où l'air serait moins « gros, infect et corrompu ». Beaucoup d'entre eux seraient alors sauvés. Peut-être deviendraient-ils alors des prêtres en grandissant, ajoute ingénument la religieuse.

Tel est le témoignage de l'apothicaresse chevetaine.

Marguerite, très émue, a plaidé cette cause auprès de son frère, et ses efforts ne sont pas demeurés vains. La première fondation faite à Paris d'un hôpital réservé aux enfants est son œuvre propre.

Voici le préambule de l'acte royal qui confirme l'institution de cet établissement :

« Notre très chère et très aimée sœur unique la reine de Navarre nous ayant par ci-devant averti des grandes pauvretés, misères et calamités que souffraient et portaient les petits enfants non malades délaissés de leurs pères et mères, malades étrangers et morts en l'Hôtel-Dieu de Paris, à faute que lesdits petits enfants, après le trépas de leursdits pères et mères, n'étaient tirés hors dudit Hôtel-Dieu, auquel l'air est gros et infect, à l'occasion de quoi ils tombaient peu de temps après en maladie, de laquelle ils mouraient ; notre dite sœur nous ayant humblement supplié et acquis par la compassion qu'elle a eue aux petits enfants, et pour leur subvenir et aider à les faire vivre, avons ordonné... »

Suit le libellé du statut de l'établissement, en date du 31 janvier 1536.

Mais la cause n'est pas encore gagnée, si bizarre que cela paraisse. La charité de Marguerite se heurte à d'égoïstes intérêts. Le grand prieur du Temple s'oppose à l'installation de cet hospice sous prétexte qu'il serait situé trop près de sa demeure. Mais sa requête est rejetée, et l'on ironise sur les inquiétudes du grand prieur, lequel semble être bien délicat, alors que le cardinal du Bellay ne se plaint pas, bien que l'Hôtel-Dieu jouxte son palais.

Ainsi, les petits protégés de Marguerite appelés « enfants rouges » en raison de leur uniforme auront enfin leur établissement.

Cette même année, en juillet, alors qu'elle se trouve encore à Lyon, elle apporte une modification au règlement de l'hôpital d'Alençon, car il lui est rapporté que les statuts qu'elle a établis n'étant pas respectés, les malheureux mendient aux portes des maisons ou des églises. Très irritée, la reine exige que les femmes de ses officiers et les bourgeoises quêtent dans les paroisses en leur faveur. En cas de refus, les récalcitrantes seront pénalisées d'une amende fixée à cent sous. En outre, il est prescrit de placer dans les églises des troncs portant l'inscription : « Donnez aux pauvres pour l'amour de Dieu ».

De partout, la reine est sollicitée d'user de son influence. Les communautés protestantes de Zurich, de Bâle et de Berne la prient de transmettre un appel à la pitié du roi en faveur des réformés. Et Sleidan, représentant des protestants allemands auprès du roi d'Angleterre, dit : « Ils eurent support de la Reine de Navarre, qui était femme excellente et bien affectionnée envers la vraie doctrine. »

Marguerite protège les humanistes en difficulté et soulage maintes détresses sans pour autant se désintéresser des affaires de la France. Or, l'heure est grave pour le royaume précipité dans la guerre après sept années de tranquillité.

Tout a débuté en novembre 1535 à la mort de François II Sforza, duc de Milan. François Ier s'empresse de revendiquer ce duché et, devant le refus opposé par le duc de Savoie au passage de ses troupes, trois mois plus tard, il occupe la Bresse, la Savoie et une partie du Piémont.

Alors, Charles-Quint riposte par une initiative des plus originales. Le lundi de Pâques, il invite les ambassadeurs de France et de Venise à l'accompagner chez le pape qui siège en plein consistoire. A la surprise du Souverain Pontife et des cardinaux, il expose tous ses griefs contre le roi de France en un langage très peu mesuré. Il déclare n'avoir en vue que la sauvegarde de la paix : « ... Puisque nous sommes à la veille d'un concile, je suis prêt à m'en tenir sur tous ces points (les motifs de conflit) à ce que le concile en dira, et je ferai cela et beaucoup davantage pour la paix de la chrétienté... »

Et il termine sa longue diatribe par un défi très curieux lancé à François Ier. Le texte vaut d'être cité :

« ... Je promets à Votre Sainteté devant ce Sacré Collège et ces chevaliers ici présents que si le roi de France voulait se conduire envers moi au champ, de m'y conduire avec lui, armé ou désarmé, en chemise, avec une épée et un poignard, sur terre ou en mer, ou sur un pont ou dans une île, ou en champ clos ou devant nos armées ou là où il voudra et comme il voudra et cela soit juste. Et ayant tant dit je n'en dis plus, sinon que je lui donne vingt jours de délai pour qu'il se décide à prendre la paix et à rester en cette vérité et force que la vérité contient, et non dans la sécurité et la force de mots et d'écritures, dont je ne crois pas être blâmé de personne si je n'y mets point de foi, vu le peu d'effet qu'elles ont eu dans le passé, sauf celle d'échanger ses enfants et les miens comme otages, seule sécurité où je me sentira sûr à moins d'aller en guerre... »

L'empereur achève cette longue tirade en invoquant la justice divine et l'équité du Saint Père :

« Et s'il n'acceptait rien, je prends Dieu et Votre Sainteté, son vicaire en terre, comme juges pour que, si j'ai tort, Votre Sainteté me punisse, et, si j'ai raison, Votre Sainteté m'aide et favorise contre ceux qui ont tort... et je finis disant une fois et trois fois : que je veux la paix, que je veux la paix, que je veux la paix. »

Le pape Paul III vient de succéder à Clément VII mort deux mois avant le duc de Milan ; sa disparition avait contrarié le roi car, oncle de Catherine de Médicis épouse du second fils de François, ce pape était tout dévoué à la cause française. Quelle serait l'attitude de Paul III ? Charles-Quint fondait de grands espoirs sur lui ; mais le rôle d'arbitre ne séduisait guère le souverain pontife qui se déroba habilement.

Alors, passant à l'action, l'empereur lança ses armées sur la France par deux voies : au Nord, en Picardie, dans le Midi, en Provence.

Marguerite fut si fâchée du discours de l'empereur qu'à l'automne suivant, elle s'en indigne encore dans une lettre adressée à son frère. Evoquant les « folles et outrecuidées réponses de l'empereur aux honnêtetés dont le roi usa envers lui », la reine de Navarre affirme avec force que « cela suffit pour faire désirer à toutes les femmes d'être hommes pour servir le roi ».

Un autre jour, à défaut de bras, elle offre à François ses

prières et réunit « une bataille de priants ».

Mais son concours ne se borne pas à des vœux pieux ; elle est même saisie d'une ardeur guerrière qui surprend chez cette tendre mystique. Dès le début des hostilités, elle a sollicité du roi l'autorisation de rejoindre son mari à Toulouse. Gouverneur de la Guyenne, Henri est chargé de recruter des hommes pour entrer en campagne. Il ne peut lever de troupes en Béarn ni en Navarre, les lois de ces pays s'y opposant ; elles sont formelles, leurs soldats ne doivent jamais servir un prince étranger. Alors, c'est en Gascogne qu'il faut s'adresser pour rassembler des hommes de pied. Et moins d'un mois plus tard, arrive au bord du Rhône un diable d'homme de peau et de poil si noirs qu'il est surnommé « le capitaine Carbon ». Il s'agit de Monsieur de Montpezat, celui-là même que François Ier envoya prévenir Louise de Savoie du désastre de Pavie. On se rappelle qu'il fit une telle diligence qu'il gagna Lyon à demi-mort en pleine nuit.

Or, Marguerite descend le Rhône pour atteindre Pont Saint-Esprit ; de là, elle veut gagner le Languedoc en passant par Montpellier. Quand son bateau touche la rive, elle trouve la troupe du capitaine Carbon. Galamment, il propose à la reine de passer ses gens en revue. Elle s'y prête de bonne grâce, elle procède avec le capitaine à l'interrogatoire d'un espion. Le lendemain, elle rejoint son mari à Nîmes.

Soudain, une nouvelle terrible les frappe en pleine sérénité ; un courrier leur apprend la mort du dauphin François, prince dont la naissance avait été saluée avec tant de joie par son père et toute la famille. Il se trouvait à Lyon avec la Cour, et tous devaient quitter cette ville pour gagner la Provence. Avant le départ, François décide de jouer à la paume et s'échauffe à ce jeu ; de plus, la chaleur est accablante en cette saison. Il éprouve le besoin de se rafraîchir. Ici, les avis divergent ; les uns disent qu'on lui présenta un verre d'eau, d'autres affirment qu'il but à même son « potet », vase en terre qui a la propriété de garder l'eau fraîche très longtemps. Le 4 août, il prend le bateau royal qui descend vers le Midi. Rien d'anormal ne s'est manifesté dans la santé du jeune prince. C'est seulement le 7 août, à Tournon, qu'il se sent mal. Le roi vient lui rendre visite, mais ne s'inquiète pas, le jeune homme ayant fait l'effort de recevoir son père debout. Mais le mal empire si vite que le 10 août au matin, le dauphin n'est plus !

« Ainsi mourut ce bon et beau corps, ni plus ni moins qu'une belle fleur de printemps... Ainsi sépartit cette belle âme jeune », note Brantôme avec émotion.

Mais une rumeur commence à se répandre, puis s'amplifie et devient vérité aux yeux du peuple. Cette mort est suspecte, on a empoisonné le dauphin. Qui est le coupable ? Sans l'ombre d'une preuve, le comte de Montecuculli, échanson du prince est arrêté. Il est Italien comme Catherine de Médicis, la Florentine détestée très injustement. Par cette disparition, son mari, second fils du roi, devient dauphin, c'est donc elle qui a dirigé Montecuculli ; plus nombreux sont ceux qui accusent Charles-Quint d'avoir ourdi un complot dans le but de détruire la famille royale. Le malheureux gentilhomme est envoyé croupir en prison à Roanne. Pourquoi l'a-t-on ainsi éloigné ? Sans doute, de crainte d'une réaction de la colonie italienne si influente dans cette cité. Dans l'affolement des cruelles souffrances de la torture, l'infortuné avoue son prétendu crime, et accuse au hasard d'importantes personnalités, mais il ne cite jamais l'empereur, à la grande déception de François Ier.

C'est le 7 octobre qu'est rendu l'arrêt qui condamne le « coupable » à être écartelé à Lyon où on l'a ramené. Le roi exige la présence de toute la Cour. Sont invités aussi le nonce du pape, les cardinaux, de même que les ambassadeurs d'Écosse, de Portugal, de Venise et de Ferrare ; c'est de cette dernière ville qu'est originaire le pauvre échanson.

Devant l'horreur de ce supplice, Marguerite ne peut cacher son épouvante et son écœurement ; elle reste la tête cachée sur la poitrine de son frère pendant l'affreux spectacle.

Son affection pour son neveu est si connue qu'elle reçoit des lettres de condoléances de Renée de France, duchesse de Ferrare sincèrement affligée et de son mari beaucoup moins ému, mais soucieux de se ménager le crédit de la sœur du roi de France. De plus, n'est-il pas duc de Ferrare, la ville qui a vu naître l'odieux criminel ? Les poètes protégés par Marguerite tels Brodeau, des Périers, Marot, Mellin de Saint-Gelais manifestent leur chagrin en des vers qu'ils lui adressent.

Malgré le deuil de son cœur, elle est sensible à d'autres préoccupations. Ainsi, de Monfrin près de Nîmes, dans une lettre adressée au chancelier Brinon, Marguerite s'élève avec véhémence contre la nomination d'un certain Bécanis en qualité d'Inquisiteur de la Foi à Toulouse, cette fonction devant revenir de droit à un moine jacobin : frère Louis Rochette (qui sera brûlé deux ans plus tard sous l'accusation d'hérésie).

Pendant ce temps, que se passait-il en Provence ? L'empereur était si assuré de la victoire, qu'il dit un jour, parlant des Français : « Si je n'avais mieux que cela, à la place du roi, je commencerais par me rendre, mains jointes et la corde au cou. »

Montmorency, chargé de la défense de cette province employa un moyen efficace mais impitoyable, celui qu'on appellera plus tard la tactique de la terre brûlée. Tout fut détruit. L'effroyable sacrifice de toute une région atteignit son but ; l'armée de Charles-Quint, affamée, dut se retirer, attaquée au passage par des paysans furieux qui s'emparaient du peu qui lui venait par la mer.

François Ier appelle Henri d'Albret près de lui à Marseille, bastion inviolé de la France menacée.

Pendant ce temps, en Picardie, le comte de Nassau au service de l'empereur, doit battre en retraite devant la résistance de Péronne, « La Belle Péronnelle », « La Pucelle de Picardie ». On en fit une chanson :

Retirez-vous, arrière
Flamands et Bourguignons,
O comte de Nansot (Nassau),
Plein de grosse cautelle,
Tu voulais épouser
La Belle Péronnelle
Mais Fleurange veille.
Le seigneur de la Marck (autre titre de Fleurange)
Ne dort ni nuit ni jour.

Le 1er janvier suivant, toute la Cour rejoint Paris où va être célébré le mariage de Madeleine, l'aînée des deux filles qui restent au roi. Elle épouse Jacques V, roi d'Écosse. Très fière de sa qualité de fille de France, la jeune princesse s'était toujours déclarée hostile à tout mariage ne lui assurant pas un trône. Et Marguerite avait usé de toute sa diplomatie pour faciliter cette union.

Mais un sévère destin attendait la nouvelle reine dans les brumes d'Écosse ; en cinq semaines, elle était emportée, âgée de dix-sept ans, victime des rigueurs du climat.

Cette perte fut durement ressentie dans toute la famille. La reine de Navarre en éprouva une douleur profonde car elle chérissait d'une vive tendresse ses neveux et nièces.

Mais la vie continue avec toutes ses obligations, et tandis que le roi et son beau-frère guerroient en Picardie, Marguerite attend des nouvelles de l'armée avec angoisse. L'inaction lui pèse ; enfin, la reine Éléonore et les princesses sont autorisées à monter sur la Picardie, et c'est à Amiens que leur parvient la nouvelle de la prise d'Hesdin. On ne saurait imaginer l'enthousiasme qui s'empare d'elles et dont Marguerite se fait l'écho dans une lettre adressée à son frère. Au début, elle a peine à contenir sa joie indicible qui, dit-elle, lui ôte l'esprit et la force de la main pour écrire. Depuis lundi, « elles étaient toutes comme mortes » partagées entre la crainte et l'espoir. Mais, Marguerite ajoute aussitôt :

« Ce matin, ce porteur nous a ressuscitées d'une si merveilleuse consolation, que, après avoir couru les unes chez les autres pour annoncer les bonnes nouvelles plus par larmes que par paroles, nous sommes venues avec la reine, pour, ensemble, aller louer celui qui vous a prêté le destre de sa faveur. »

« ... La Reine a bien embrassé et le porteur et toutes celles qui participent à sa joie, en sorte que nous ne savons (ce) que nous faisons, ni (ce) que nous vous écrivons ».

Toute la lettre témoigne d'une exaltation qui les transporte. Pour conclure, par la plume de Marguerite, elles supplient le roi de leur permettre d'aller le voir, car « avec Saint-Thomas, nous ne serons contentes que nous n'ayons vu notre Roi ressuscité par heureuse victoire ».

On signé : Catherine (de Médicis), dauphine,
Marguerite de France (dernière fille du roi),
Marguerite (de Navarre),
Marguerite (de Bourbon-Vendôme), et enfin,
Anne (de Pisseleu, duchesse d'Étampes), favorite du roi.

Cette lettre primesautière dégage un charme très proche de celui qui séduit à la lecture des lettres de la marquise de Sévigné. Marguerite retrouve le roi à Hesdin où elle reste trois jours, puis, accompagnée de son mari, elle gagne Amiens d'où ils repartent tous deux pour Pau, car on craint une attaque-surprise aux marches de Gascogne. Mais alors qu'ils ont atteint Sully-sur-Loire, un ordre du roi les rappelle. Il promet à Henri d'envoyer 17 000 lansquenets et une nombreuse artillerie pour s'emparer de Pampelune et reconquérir la Haute-Navarre arrachée à la famille d'Albret par Ferdinand d'Aragon sous le règne de Louis XII. C'est le rêve le plus cher de Marguerite et de son mari, et celui-ci s'est montré souvent irrité du peu d'empressement de son beau-frère à soutenir sa cause. Ce revirement du roi est-il sincère et surtout définitif ? Quoi qu'il en soit, ils reviennent ; une petite épidémie qui sévit en Ile de France atteint le roi de Navarre à Saint-Cloud ; Marguerite le soigne avec dévouement, ignorant que dans le même temps, son frère est malade à Meudon. Mais tout est rentré dans l'ordre avant Noël.

Ensuite, la reine Éléonore est souffrante à son tour, et voilà encore Marguerite à son chevet. L'état d'Éléonore s'améliore, alors sa belle-sœur pense pouvoir prendre quelque repos. Elle s'était occupée aussi de la dauphine, très fatiguée, ainsi que de Bonaventure des Périers à qui elle faisait porter des confitures.

Tandis que son mari part pour la Guyenne en qualité de lieutenant-général, elle gagne Blois où séjourne sa fille et se réjouit de l'avoir enfin près d'elle. Elle poursuit sa route vers Tours sur des bateaux qui lui sont envoyés d'Amboise. Outre sa petite Jeanne, lui tiennent compagnie Marot, Des Périers et Izernay, intendant de la maison de Jeanne d'Albret, tous amis très proches.

Mais sa joie est troublée par la maladie de Jeanne « qu'un flux... fort et furieux » faillit emporter. Marguerite écrit à son frère après plusieurs jours d'angoisse, et elle exprime l'espoir que Dieu gardera la petite infante au Roi pour le servir. Mais, au lieu de revenir à Fontainebleau comme elle l'avait initialement prévu, émue par un appel de sa belle-sœur Isabeau de Rohan, totalement ruinée, elle va la chercher en Bretagne et la ramène près de Jeanne d'Albret où elle trouvera au moins le gîte et le couvert. François Ier est fâché qu'elle n'ait pas rejoint la Cour où il espérait la trouver. Henri

132

d'Albret se formalise également du voyage de Bretagne. Mais c'est le roi de France qui manifeste le plus d'amertume ; « Nous pouvons juger par cela, écrit-il, que quand l'on veut arrêter les femmes, elles meurent d'envie qu'elles ne nous désobéissent, et quand on les veut faire aller, c'est à cette heure là qu'elles ne veulent jamais bouger d'une place ».

Apprenant le mécontentement du roi, Marguerite écrit une lettre à Montmorency pour se justifier ; n'est-elle pas restée près de la reine aussi longtemps que l'exigeait son état ? Et pouvait-elle laisser sans réponse l'appel angoissé de sa belle-sœur ruinée ? Puisque le roi désire sa présence dans le Midi, elle s'y rendra sur le champ et voyagera aussi vite que ses forces le lui permettront ; auparavant, elle ramènera sa fille à Blois. On sent une pointe d'amertume nouvelle chez cette femme qui ne cesse de se dévouer pour chacun, et encourt de surcroît les reproches d'un frère qui dispose d'elle sans jamais se préoccuper de sa santé. Elle part quand même, et rejoint son mari à Limoges. Le 1er janvier de l'an 1538 les voit à Toulouse, puis ils gagnent Carcassonne ; de là, ils se dirigent sur Montpellier et empruntent de mauvaises routes creusées d'ornières où trébuchent chevaux et mulets. Le pauvre Marot ne cesse de se plaindre de sa monture ; et il adresse une épître au roi de Navarre afin de l'apitoyer :

> Mon second roi, j'ai une haquenée,
> D'assez bon poil, mais vieille comme moi.
> A tout le moins, long temps a qu'elle est née,
> Dont elle est faible, et son maître en émoi :
> La pauvre bête aux signes que je vois,
> Dit qu'à grand peine ira jusqu'à Narbonne.
> Si vous voulez en donner une bonne,
> Savez comment Marot l'acceptera ?
> D'aussi bon cœur comme la sienne il donne
> Au fin premier qui la demandera. »

Enfin, on atteint Montpellier où François Ier est venu

surveiller les négociations débattues entre Montmorency et des représentants de Charles-Quint pour essayer d'établir une paix durable. On ne peut s'entendre, et les derniers efforts n'aboutissent qu'à la prorogation jusqu'au 1er juin de trèves récemment conclues.

Henri d'Albret, furieux de n'obtenir aucune satisfaction sur la question de la Navarre reprend la route du Béarn, bien décidé à s'entendre directement avec l'empereur. Ce ne sera d'ailleurs pas sa première tentative en ce sens.

Marguerite remonte sur Moulins avec le roi qui, le 10 février, remet à Montmorency l'épée de connétable.

Quatre mois plus tard, elle escorte la reine et la dauphine venues saluer à Nice le pape Paul III qui s'est déplacé dans l'espoir de réconcilier les deux plus grands princes de la chrétienté afin qu'ils unissent leurs forces contre les Infidèles. Il obtient seulement une trève de dix ans.

En juin, Marguerite refuse de voir l'empereur ; cependant, le 15 juillet, elle accepte de l'embrasser à Aigues-Mortes ; quelle influence a obtenu ce geste qui a dû lui coûter ? Il est vrai que son frère prêche l'exemple en donnant l'accolade à son ennemi de toujours qui, d'ailleurs, l'étreint à son tour.

Quelques mois plus tard, éclate à Gand une révolte d'une extrême gravité qui inquiète Charles-Quint. Devant la nécessité de châtier les factieux avec rapidité, il prie le roi de lui permettre de traverser son royaume. Malgré de nombreuses mises en garde, le roi y consent, et lui ménage même un accueil magnifique. Il vient l'attendre à Châtellerault avec toute sa Cour. De là, les deux souverains se dirigent vers Fontainebleau dans une atmosphère de fêtes triomphales. Dans cette ville si chère à François Ier, l'empereur séjourne plusieurs jours, et, dit du Bellay : « le roi lui donna tous les plaisirs qui se peuvent inventer, comme de chasses royales, de tournois, d'escarmouches, de combats à pied et à cheval, et en somme de toutes sortes de divertissements ».

L'entrée de l'empereur à Paris eut lieu le 1ᵉʳ janvier 1540 par une belle matinée d'hiver où le soleil brilla par « faveur du Ciel ». Un banquet magnifique lui fut offert, le roi étant assis à sa gauche. Au-dessous, avaient pris place les fils de François Iᵉʳ et les plus grands seigneurs du royaume, parmi lesquels le roi de Navarre. Encore quelques jours de fêtes, puis, par Chantilly, Charles-Quint gagna les Flandres où il triompha des insurgés sans la moindre pitié. On peut s'étonner qu'un souverain si pressé d'atteindre Gand se soit attardé deux mois en France. L'attitude du roi peut surprendre également, mais elle s'explique en partie par le fait que déjà miné par la maladie, il laisse agir le tout-puissant connétable de Montmorency qui axe sa politique sur une alliance étroite avec Charles-Quint.

Par contre, le crédit de Marguerite est en baisse car le roi a eu vent des entrevues secrètes du roi de Navarre avec des émissaires de l'empereur. Déçu par le roi qui, malgré ses promesses ne se soucie guère de ses revendications sur la région de Pampelune, Henri s'est tourné vers Charles-Quint ; il a un atout, sa fille, l'infante Jeanne qu'il souhaite voir épouser Philippe, fils de l'empereur. Celui-ci le berce de belles paroles, mais reste dans le vague. On a l'impression qu'il souhaite le compromettre auprès du roi de France ainsi que Marguerite qui agit de son côté, tantôt seule, tantôt en accord avec son mari. Faut-il qu'elle traverse une crise d'insatisfaction pour user d'une diplomatie nettement opposée aux vues de son frère ! Celui-ci semble si bien informé des projets des souverains de Navarre qu'il éloigne de Blois la petite infante et la fait ramener à Plessis-les-Tours où elle est placée sous bonne garde, de crainte d'un enlèvement. Tel était en effet le dessein de son père.

Nouvelle blessure pour la pauvre mère ! Elle tient sa peine secrète, ne l'exprimant pas même en de lyriques effusions qui, sur d'autres sentiments, abondent sous sa plume. Mais le choc est d'autant plus rude que sa fille est de santé très délicate.

Sainte-Marthe, un de ses proches, rapporte dans son oraison funèbre, que Marguerite se trouvait à Paris lorsqu'elle apprit que Jeanne était gravement malade. Elle partit aussitôt dans la litière de sa nièce Marguerite de France, la sienne n'étant pas prête. Arrivée à Bourg-la-Reine, elle se fit conduire tout droit à l'église, disant que son cœur était dans une angoisse mortelle.

Tous lui obéissent, et en grand émoi, attendent leur maîtresse à la porte de l'église. Seule, la sénéchale de Poitou, sa dame de confiance et très-fidèle amie entre avec elle.

Marguerite s'agenouille devant l'image du Christ et adresse à Dieu une prière venue du fond du cœur ; elle soupire, pleure, confesse ses offenses, se croit responsable de la maladie de sa fille, demande humblement pardon de ses fautes et implore le retour en santé de sa chère enfant. Puis, Marguerite songe à prendre quelque repos. Elle était à peine de retour au logis préparé par ses gens que le son du cor retentit ; il annonçait un courrier qui arrivait en toute hâte. Marguerite courut aussitôt à la fenêtre et demanda quelle nouvelle il annonçait. Nulle réponse... Tremblante, elle se remit en prières. Un instant après, on frappait à sa porte. C'était l'évêque de Séez, averti le premier, qui venait la rassurer.

– Monsieur l'évêque, lui dit-elle, se retournant au bruit de ses pas, venez-vous annoncer à une malheureuse mère la mort de sa fille unique ? J'entends bien à présent qu'elle est avec Dieu.

L'évêque lui apprit que tout allait bien ; Jeanne était en voie de guérison.

« Aussitôt, les mains levées au ciel, elle loua Dieu de sa bonté et très humblement le remercia » conclut Sainte-Marthe.

A cette époque, la reine, privée de sa fille, tenue à l'écart, se tourne vers la littérature. Elle réédite « Le miroir de l'âme pécheresse » et en adresse un exemplaire au roi d'Angleterre.

Elle reçoit d'innombrables hommages, mais il en est un qui la touche tout particulièrement. Vittoria Colonna, veuve du marquis de Pescaire (un des vainqueurs de Pavie), célèbre poétesse italienne surnommée « La Divine », l'invite à venir la voir en cette Italie dont la reine connaît si parfaitement la langue. Marguerite est sensible à ce geste d'amitié, mais ne peut quitter la France pour l'instant. Pourtant, quelle joie elle éprouverait à s'entretenir avec « La Divine » dont elle se sent si proche et qui inspire à Michel-Ange un amour en harmonie parfaite avec la spiritualité délicate de Vittoria, telle qu'on la trouve dans ses « Rimes » et dans sa « Correspondance ».

Les relations de ces deux femmes d'élite ne s'interrompent pas pour autant. Un jour, vint à la Cour, pour lors à Fontainebleau, l'évêque de Capo d'Istria : Pier Paolo Vergerio. Il était chargé de remettre à Marguerite des souvenirs de Vittoria, mais, intimidé, avant de se présenter à la reine, il l'examina « attentivement » tandis qu'elle s'entretenait avec le cardinal d'Este. Il admirait « l'harmonie de sa majesté, de sa modestie et de sa bonté » ; il crut, écrit-il à Vittoria, « discerner dans ses yeux une lumière divine, marque de la grâce céleste épandue en elle qui lui permettait d'arriver à la béatitude éternelle sans trébucher sur le chemin de la vie terrestre ».

Il se décida enfin à la saluer, dans l'espoir de regretter un peu moins, près d'elle la compagnie de Vittoria. Marguerite lui accorda l'audience désirée. Il en écrivit le jour même à Vittoria.

« J'ai à vous écrire, disait-il, une grande joie. » Il était resté quatre heures auprès de Marguerite à discuter de l'état de l'Église et de l'étude des textes sacrés ; et les paroles ainsi que les idées de la Reine étaient si belles, que Vergerio en fit un résumé aussitôt après l'entrevue, et l'envoya à la marquise.

« Sa parole était si claire, écrit l'évêque, que lui, qui

comprenait si mal le français, n'avait pas perdu un mot de ce qu'elle disait, car, aimablement, lorsqu'elle employait une tournure un peu difficile, elle la traduisait en italien ou en latin et prononçait si distinctement que rien ne pouvait échapper à son auditeur. »

Il regrettait de ne pouvoir reproduire la chaleur, la grâce, l'éloquence de la Reine, « et il remerciait le Ciel d'avoir créé des femmes telles que la Reine, Vittoria ou Léonora Gonzague d'Urbin ».

Un jour, à la prière de la reine de Navarre, Vittoria Colonna lui avait fait transmettre par Sacrati, ambassadeur de Ferrare un recueil manuscrit de ses sonnets. François Ier, informé de cet envoi, souhaita lire aussitôt les poésies de « La Divine » et envoya un gentilhomme les demander à Sacrati ; celui-ci fit remettre le volume au connétable de Montmorency, familier du roi. Le connétable garda les sonnets et renvoya à l'ambassadeur les lettres qui accompagnaient le recueil. Salviati remit les lettre à leur destinataire et apprit que Montmorency étudiait les sonnets de près dans l'espoir d'y trouver des opinions subversives et de compromettre la reine en prouvant que ses amitiés étaient suspectes. Ce fanatique n'avait-il pas déjà dit au roi que pour combattre l'hérésie en France, il fallait sévir contre la reine de Navarre très mal-pensante ?

Indigné, Sacrati voulait faire un éclat, mais Marguerite l'en dissuada, elle préférait attendre son heure... Le connétable qui détenait les sonnets depuis plus de dix jours, voyant qu'il ne pouvait les utiliser contre la sœur du roi, les lui remit en présence de François, en disant qu'ils lui avaient été confiés par erreur.

– « Vous mentez » s'écria la reine, triomphante, et elle répliqua aux explications mensongères de son ennemi en rétablissant la vérité. Le roi railla fort le connétable ainsi confondu et dont l'inimitié paraissait au grand jour.

Montmorency avait voulu faire du zèle car il sentait le pouvoir lui échapper chaque jour. En effet, le roi avait traité l'empereur avec faste sur les conseils de son connétable qui se portait garant des bonnes dispositions de Charles-Quint, disposé à donner le Milanais à Charles, fils cadet de François Ier. À d'autres moments, il évoquait la possibilité d'un mariage de ce même Charles avec une fille de Charles-Quint qui assurerait à son nouveau gendre le gouvernement des Pays-Bas ; mais aucune de ces belles promesses ne se concrétisait, aussi le roi ne ménageait-il plus son fâcheux conseiller.

Pour abattre l'empereur, François se rapprocha d'un prince allemand, Guillaume III, duc de Clèves, largement possessionné en Rhénanie ; son oncle le duc Charles d'Egmont venait de mourir en lui laissant la Gueldre ; or, l'empereur voulait rattacher cet État aux Pays-Bas afin d'en compléter l'unité.

Pour mieux se rapprocher de la France, le duc de Clèves demande en mariage la petite Jeanne d'Albret. Quel choc pour Marguerite qui rêve pour sa fille d'une alliance beaucoup plus brillante, avec Philippe d'Espagne, à défaut de Charles, son neveu.

Malgré les réticences de l'infante de Navarre, le roi a hâte de voir cette union se réaliser, et le contrat de mariage est signé le 16 juillet 1540 à Anet.

Mais rien n'est encore perdu ; il faut maintenant gagner du temps, alors, Henri d'Albret reprend ses entretiens avec les envoyés de l'empereur ; il envisage de nouveau d'enlever sa fille et de l'emmener en Béarn, mais la tentative est hasardeuse. En cas d'échec, que devient la situation du roi et de la reine de Navarre ?

L'hiver s'écoule ainsi sans apporter de solution à ce problème. En février, Marguerite quitte la Cour pour aller à Cauterets soigner des rhumatismes qui la tourmentent de plus en plus. Elle est accompagnée de son mari, soucieux de s'éloigner du roi qui le presse de hâter le mariage de Jeanne dont le fiancé, menacé par l'empereur, arrive en France.

L'éloignement des souverains de Navarre leur permet de louvoyer encore. Mais François Ier s'irrite, Henri est amer, et la pauvre Marguerite, tiraillée entre les impatiences de son frère et les reproches de son mari ne cesse de pleurer.

Elle est arrivée à Cauterets, enveloppée dans une cape de Béarn, à cheval par les sentiers montants de Pierrefitte, franchissant les gaves grossis par la fonte des neiges. Epuisée par les épreuves morales de ces dernières années, elle a besoin de calme et de solitude autant que de soins.

Quant à son mari, il manœuvre auprès des Etats de Béarn ; consultés sur ce sujet de mariage, ils refusent leur consentement, exigeant un prince qui réside en Navarre.

Furieux, François ordonne à son beau-frère et à sa sœur de revenir. Malade encore, Marguerite, la pauvre reine, doit quitter ses montagnes pour rejoindre sa fille et la mener à la Cour.

Pendant ce temps, le roi se rend à Plessis-les-Tours et voit sa nièce seule ; sans se laisser impressionner, la jeune infante de Navarre, âgée de douze ans à peine déclare avec fermeté qu'elle refuse ce mariage. La colère du roi est terrible ; il profère des menaces contre Mme de La Fayette, baillive de Caen, gouvernante de la petite princesse ; il n'épargne pas davantage le Vicomte de Lavedan, gendre de la gouvernante, et quitte la salle en criant :

« Assez, assez, je jure Dieu que je ferai couper des têtes. »

Puis il envoya le cardinal de Tournon commander aux deux témoins de taire cette scène aux parents de Jeanne, et ceci sous peine de mort.

Malgré sa promesse, le vicomte de Lavedan croit prudent d'avertir ses maîtres de la situation. Eperdue, Marguerite écrit à son frère une lettre désolée l'assurant de son dévouement, et le priant de pardonner à Jeanne dont c'est la première faute. Le courroux de François ferait mourir sa sœur ; qu'il ne lui ôte pas le « trésor » de sa bonne grâce. Elle s'engage à raisonner sa fille.

Fin mai, Henri et Marguerite atteignent Châtellerault où la cérémonie doit se dérouler, le 13 juin 1541.

Et l'on assiste à un fait inouï : Jeanne accepte de se marier, mais dans une protestation écrite, elle déclare agir sous la contrainte. « Si je refusais, je serais tant fessée et maltraitée que l'on me ferait mourir. » Elle ajoute que ce mariage est nul : « Ce sera ou aura été contre mon cœur et ma volonté. »

Il est vraisemblable que cette protestation est inspirée par Marguerite qui envisage une annulation en Cour de Rome. Elle a obtenu également que, vu l'extrême jeunesse de sa fille, il n'y ait pas de consommation du mariage ; elle tient ainsi deux motifs de recours à Rome. Et certains auteurs pensent que les châtiments corporels dont se plaint Jeanne sont pure comédie.

Quoi qu'il en soit, la cérémonie se déroule en grande pompe, et la mariée est parée comme une châsse. Elle est si chargée de parures de drap d'or et d'argent et de joyaux, qu'elle ne peut marcher ; peut-être n'y met-elle pas beaucoup de bonne volonté. Alors, le roi ordonne au connétable de Montmorency de porter l'enfant dans ses bras jusqu'à l'autel. Toute l'assemblée est saisie de voir confier cette tâche de serviteur à l'un des plus grands personnages du royaume. Il en est conscient et comprend que l'heure de sa disgrâce est proche. Effectivement, il sera bientôt exilé à Chantilly.

L'humiliation du connétable a réjoui Marguerite qui n'a pu se tenir d'ironiser : « Voyez cet homme qui a voulu me desservir auprès du roi, maintenant, il porte ma fille dans ses bras. »

Le lendemain, ont lieu de nouvelles fêtes, puis le duc à cheval, s'en retourne à Paris et gagne l'Allemagne. Henri va dans ses terres, Jeanne, fatiguée, est ramenée au Plessis, tandis que

Marguerite reste à la Cour qui prend le chemin de Moulins.

Le roi, satisfait d'avoir été obéi, lui propose de reprendre sa fille que l'on conduirait à Fontainebleau, mais, le cœur gros, la mère refuse cette joie car elle craint l'humidité de la forêt pour cette enfant de santé si délicate.

Les hostilités vont bientôt reprendre entre le roi et l'empereur.

François Ier apprend avec indignation l'assassinat par le marquis du Guast, ambitieux au service des Impériaux, de Ricon, son envoyé particulier auprès du sultan. Ce crime s'avère inutile par la sagesse de Guillaume du Bellay, diplomate chargé de maintes missions en Italie ; c'est lui qui a mis à l'abri les dépêches secrètes de Ricon et les a fait parvenir directement.

Le roi n'a donc plus à garder de ménagements ; il lance au Nord une armée commandée par Claude de Guise assisté de Charles d'Orléans, dernier fils du roi ; ces troupes envahissent le Luxembourg et donnent la main au duc de Clèves qui dispose d'aventuriers allemands alléchés par l'espoir du sac d'Anvers.

Dans le même temps, François de Guise, fils de Claude, accompagne le dauphin dans le Midi ; l'armée envahit le Roussillon et met le siège devant Perpignan. Le duc d'Albe commande la ville assiégée qui reçoit d'importants renforts. Le siège s'éternise. Le roi s'impatiente et descend vers le Midi accompagné de Marguerite. Mais l'armée doit lever le siège de Perpignan ; cet échec incline la reine de Navarre à penser que tout espoir de reconquête des terres ravies par Ferdinand d'Aragon est vain. Aussi, elle décide de rejoindre son mari qui se trouve à Pau. Un autre motif détermine son attitude. Son ennemi Montmorency est en disgrâce, certes, mais le pouvoir appartient désormais au cardinal de Tournon et au cardinal de Lorraine, frère de Claude de Guise qui ont capté la confiance du roi très diminué par la maladie. Et ces hommes d'Eglise déchaînent le fanatisme dans les provinces, allument des bûchers à Toulouse, à Agen, ainsi qu'à Rouen et à Blois.

Par ailleurs, le Parlement de Paris condamne pour hérésie différents livres parmi lesquels figure l'édition française de « L'Institution chrétienne » de Calvin.

Dans le même esprit, François Ier invite les Parlements à poursuivre les réformés.

Impuissante, découragée, Marguerite s'éloigne comme jadis lors de l'affaire des placards.

Son frère ne lui en tient pas rigueur ; et même, il promet de la voir un jour prochain. Effectivement, il lui rend visite début novembre avant de châtier une révolte à La Rochelle. Après son départ, elle lui écrit l'émotion qu'elle a éprouvée :

« Monseigneur, l'honneur que j'ai reçu de vous voir en cette pauvre maison et regret de ne vous y avoir pu accueillir selon mon désir et délibération, m'ont tant donné d'ébahissements que, sans la joie de vous voir en telle santé que tous les vôtres doivent désirer, je n'eusse su porter cet éclair d'un grand bien si mal reçu. »

Toujours elle exprime la crainte que le roi ne trouve pas dans sa modeste cour le luxe auquel il est accoutumé. Elle éprouve une douce joie d'apprendre que son frère à usé de clémence à l'égard des malheureux poussés à la sédition par la misère. Il y a tout lieu de penser que son influence ne fut pas étrangère à cette modération.

L'année suivante, le duc de Clèves, mal soutenu par l'armée française, délaissé des princes allemands irrités contre les persécutions dont souffrent leurs coreligionnaires sous le gouvernement des cardinaux, est donc vaincu par Charles-Quint et fait humblement sa soumission. Dans ces conditions, le roi ne s'opposera pas à l'avenir à la rupture de l'union abhorrée par Jeanne.

Bientôt, un événement inespéré va survenir à la Cour et combler d'aise le roi et les siens. La dauphine Catherine de Médicis, si longtemps stérile, met au monde un fils : François.

Marguerite exulte. Ainsi se vérifie l'assurance donnée par elle à la pauvre Catherine quand il était question de la chasser : « Mon frère ne vous répudiera pas comme le prétendent les mauvaises langues. Dieu vous accordera une descendance royale lorsque vous aurez atteint l'âge requis auquel les femmes de la maison de Médicis sont accoutumées d'avoir leurs enfants. Le roi et moi nous réjouirons avec vous, malgré ces misérables rumeurs. »

C'est en janvier 1544 que naît à Fontainebleau ce petit dauphin tant attendu. Marguerite l'accueille avec lyrisme

« Un fils ! Un fils ! ô nom dont sur tous noms
Très obligés à Dieu nous vous tenons !
O fils heureux ! joye d'un jeune père !
Souverain bien de la contente mère !
Heureuse foi, qui, après longue attente,
Leur a donné le fruit de leur prétente ! »

Quelques mois plus tard, la reine de Navarre décide de revoir son frère dont elle est séparée depuis plus d'un an et demi. Mais elle fait un détour par Alençon où se trouve sa fille qu'elle a la joie de garder quelques jours auprès d'elle. Puis elle rejoint la Cour début mai. Le roi vit des heures cruelles, la Champagne est envahie et l'empereur s'empare de Saint-Dizier. Alors, François se tourne vers sa sœur et lui dit :

« Ma mignonne, allez à l'église, et, pour moi, faites prières à Dieu, que, puisque son vouloir est tel d'aimer et favoriser l'empereur plus que moi, qu'il le fasse au moins sans que je le voie campé dans ma principale ville de mon royaume et qu'il ne soit dit un jour que mon vassal rebelle ne soit venu voir jusques là, comme son aïeul le duc de Bourgogne fit du roi Louis XI qui lui donna la bataille si près. Mais pourtant, je suis résolu d'aller au-devant et le prévenir de lui donner la bataille, où je prie Dieu qu'il me fasse plutôt mourir que d'endurer une seconde prison. »

Marguerite n'a guère besoin d'encouragements pour adresser au Ciel d'ardentes prières en faveur de son frère tant aimé. La situation du pays devient dramatique, l'empereur avance, et les Français ne lui opposent que la dévastation, le désert ; les misères de la Provence sont renouvelées maintenant sur la malheureuse Champagne. Et Charles-Quint qui a pris nos richesses et nos vivres, approche de Paris qu'il veut occuper. Grand lecteur de Commines, il n'oublie pas les paroles de Louis XI : « On prend la France dans Paris. » Et il avance toujours... Le voici à Crépy-en-Valois, soit à treize lieues de la capitale ! La population effrayée croit déjà voir arriver les hordes impériales, si bien que le roi lui dit : « Je vous engarderai bien de mal, mais de peur, je ne saurais car il n'y a que Dieu qui tient le cœur des hommes en sa main. »

L'empereur, oublieux de l'accueil si généreux des Parisiens quatre ans auparavant souhaite mettre la ville à sac. Une défaite sauve Paris, chose curieuse. Henri VIII, allié de l'empereur, prend Boulogne, victoire qui inquiète Charles-Quint peu soucieux de voir l'Anglais trop puissant. Il décide de signer la paix en septembre.

Marguerite apprend la signature de la paix de Crépy à Alençon où elle fait rédiger par sa fille une nouvelle protestation contre le mariage qui lui fut imposé. La nouvelle de la paix l'enchante au point qu'elle plaisante sur le nom du courrier qui l'a informée : il s'appelle Corneille, elle le baptise Colombe.

145

C'est seulement en janvier qu'elle rejoint la Cour à Fontainebleau. Toujours fidèle à ses amitiés, elle accueille une épître suppliante de Dolet à qui ses traductions de Platon valent de nouvelles poursuites. Il met tous ses espoirs en elle : « C'est toi en qui mon espoir total gist. »

Mais la lutte contre l'hérésie est engagée ; la reine ne peut rien obtenir.

On pense qu'à cette époque, elle intervient pour obtenir en faveur du « Tiers livre » de Rabelais un privilège qu'on lui refuse, et il lui manifeste sa gratitude en lui dédiant cet ouvrage.

FRANCOIS RABELAIS
A l'esprit de la Royne de Navarre.

Esprit abstrait, ravi et extatic,
Qui fréquentant les cieux, ton origine,
As délaissé ton hoste et domestic,
Ton corps concords, (harmonieux) qui tant se morigine
(se règle)
A tes édits, en vie pérégrine, (étrangère)
Sans sentement (sentiment) et comme en apathie,
Voudrais-tu point faire quelque sortie
De ton manoir divin, perpétuel,
Et çà bas voir une tierce partie
Des faits joyeux du bon Pantagruel ?

En 1546, lors de la publication du « Tiers livre », Marguerite, constamment déçue dans ses affections les plus chères et dans ses espoirs secrets, meurtrie par les persécutions religieuses, se tourne vers le mysticisme avec une ferveur accrue. C'est pourquoi Rabelais la prie de se réjouir avec le « bon Pantagruel ».

Il est à noter que, pour la première fois, il n'utilise pas l'anagramme de son nom : Alcofribas Nasier, mais signe son ouvrage de son vrai nom. Détail plaisant : les premières éditions ajoutaient à son titre de docteur en médecine celui de « calloïer des isles Hieres » (moine des îles d'Hyères). Pour saisir cette facétie, il faut savoir que ces îles servaient souvent de refuge aux « ennemis de l'Etat » et aux pirates barbaresques.

Nous reviendrons sur ce « Tiers livre » en abordant la « querelle des femmes » qui verra la plupart des écrivains du XVIe siècle entrer en lice dans le camp féministe ou s'engager parmi les misogynes.

Il reste à la reine de Navarre une tâche à accomplir : libérer sa fille de son fâcheux mariage. Elle s'y emploie et après la paix de Crécy, se trouvant avec Jeanne à Alençon, elle lui fait rédiger une nouvelle protestation contre cette union imposée. En janvier suivant, Marguerite rejoint la Cour à Fontaine-bleau où elle trouve le roi souffrant d'une apostume (tumeur).

Une fois de plus, reprend la vie errante imposée par François Ier à ses familiers, de Fontainebleau à Chambord, puis à Blois. Jeanne se trouve de nouveau à Plessis-les-Tours, alors sa mère l'y rejoint et lui fait élever la protestation solennelle nécessaire pour mettre en branle l'annulation du mariage. Cette cérémonie a lieu le jour de Pâques à l'issue de la grand'messe.

Le 15 novembre suivant, le pape rendra le bref d'annulation du mariage de Jeanne d'Albret et de Guillaume de Clèves. Celui-ci se réjouira autant que son ex-épouse d'une libération qui lui permettra d'épouser la propre nièce de Charles-Quint, fille de Ferdinand.

On imagine le soulagement de la reine de Navarre qui voit enfin sa fille dégagée de cette fâcheuse union. Désormais, tous les espoirs sont permis pour la brillante alliance dont elle ne cesse de rêver ainsi que son mari. Oui, leur infante épousera peut-être le fils de Charles-Quint, l'infant Philippe destiné à régner un jour sur l'Espagne. Il est un mariage qui eût séduit

147

Marguerite davantage encore ; maintes fois, elle a tourné les yeux vers Charles d'Angoulême devenu duc d'Orléans à la mort suspecte du dauphin François voici neuf ans déjà ; mais le roi a d'autres projets. Et même si une telle pensée lui eût souri, un fatal destin s'y opposait. Une épouvantable catastrophe a endeuillé la famille royale depuis deux mois à peine.

Le jeune prince, dernier fils de François Ier a succombé en quelques jours à une épidémie de peste alors qu'il se trouvait dans la Somme à Foresmontiers. Son imprudence le perdit. Son entourage voulait le détourner de loger en une demeure toute pestiférée, mais il se rit de leurs alarmes et leur répondit : « Jamais fils de roi de France ne mourut de peste, il ne s'en trouvait nul par écrit aux annales », mais, dit Brantôme, « il ne devait tenter Dieu ».

La douleur du roi fut immense ; ce fils lui était très cher, alors qu'il ne s'entendait guère avec le dauphin Henri, futur roi Henri II. Et, de sept enfants, il ne lui restait plus que ce sombre dauphin et une fille, la charmante Marguerite de France qui sera longtemps l'ornement de cette cour éblouissante des Valois.

La reine de Navarre aimait tendrement le jeune Charles, et ce coup brutal la plongea dans un profond désespoir.

L'année 1545 lui avait été cruelle. A ce deuil de famille, il faut ajouter son chagrin horrifié quand la vérité lui fut connue sur le massacre des Vaudois.

Pour mieux saisir ces événements, il faut savoir que le traité de Crespy contenait une clause par laquelle le roi s'engageait à pourchasser l'hérésie. Très diminué par la maladie, François Ier « n'était plus que l'ombre de lui-même » et devenait un jouet entre les mains du fanatique cardinal de Tournon.

Or, les Vaudois des hautes Alpes piémontaises et dauphinoises avaient fondé, dès la fin du treizième siècle, une colonie dans un canton de la Provence auparavant inculte et désert, qu'ils avaient merveilleusement fertilisé. Ils y prospéraient en paix, intéressant tout le monde à les protéger par leur fidélité à payer impôts, dîmes et rentes seigneuriales.

C'était le pays qui s'étend, au nord de la Durance, autour du mont Lubéron, aux environs d'Apt et de Vaucluse. Il s'y trouvait trois petites villes, Mérindol, Cabrières et la Coste ainsi qu'une trentaine de bourgs et de villages.

Ils vivaient entre eux, redoutés un peu des populations de la plaine qui les disaient sorciers, peut-être parce qu'ils n'avaient ni églises ni prêtres, mais se soumettaient au pouvoir d'hommes sages et « vénérables » qu'ils appelaient « oncles » ou « barbes ». Leurs croyances avaient commencé à se propager parmi leurs voisins, ce qui leur avait attiré une cruelle persécution sous Charles VIII.

Mais Louis XII envoya dans leurs montagnes des commissaires indulgents qui les déclarèrent bons catholiques, et sur leur rapport favorable, le roi fit cesser toutes les mesures de rigueur.

Malheureusement, son successeur ne persévéra pas dans cette voie juste et humaine. Dès 1540, il avait décidé de sévères mesures contre eux ; le juge d'Apt, s'étant emparé du moulin du Plan d'Apt, qu'il convoitait, après avoir fait brûler le propriétaire en tant que vaudois, voit ce moulin saccagé par les autres vaudois, et lui-même est menacé de mort. Convoqués à la suite de cette affaire, les coupables présumés n'obtempèrent pas. Alors, le Parlement de Provence ordonne, par l'édit de Mérindol, la destruction de la localité.

Mais il est sursis à cette décision, et après l'enquête de l'envoyé du roi, Guillaume du Bellay, de nouvelles lettres patentes pardonnent toutes peines et condamnation pourvu que dans trois mois, ils (les vaudois) viennent abjurer et promettre de vivre catholiquement ».

Les Vaudois écrivent une touchante et ferme confession de foi ; ils sont soutenus par Sadolet, le très humain évêque de Carpentras, qui, armé du « droit d'inquisition et de répression

149

avec les pouvoirs les plus étendus » avait préféré user d'armes plus douces. Il s'applique le mot de l'Evangile : « Je suis le pasteur de ces peuples, et non le mercenaire ; si je m'indigne contre les méchants, j'ai encore plus compassion des malheureux ». Mais sa voix est bien isolée... Un répit de deux ans est accordé à ces « hérétiques » ; mais une nouvelle fois, François Ier se laissa circonvenir et signa l'odieux arrêt de Mérindol non exécuté trois ans auparavant. Alors, sa sœur tenta un nouvel effort et obtint de lui des « lettres de surséance ». Mais après le traité de Crespy, le roi promettait « d'obvier à l'extrême danger où se trouve notre sainte foi ». Marguerite ne pourra plus rien pour eux.

Le 1er janvier suivant, le président du Parlement d'Aix, d'Oppède, prétend que les Vaudois complotent et veulent attaquer Marseille pour y établir une république analogue au régime des cantons suisses. Le cardinal de Tournon appuie ces calomnies. Le roi, malade, hébété, signe l'ordre de répression.

On disait déjà : « Le Parlement, le mistral et la Durance sont les trois fléaux de la Provence ». Mais depuis deux ans que le premier président est Jean Meynier, seigneur d'Oppède, la situation a empiré. Il possède des propriétés au nord du Lubéron, et voit dans ces événements une excellente occasion d'accroître ses domaines. A la tête d'une bande de soldats grossie de malfaiteurs, il entame contre une population sans défense une campagne qui épuise toutes les formes de l'atrocité. A Mérindol, tous les habitants s'étant enfuis dans les bois, il les fait traquer et massacrer. Cabrières et la Coste essaient de se défendre ; il fait offrir la vie sauve aux habitants s'ils se rendent, et, les portes ouvertes, malgré le refus de ses propres soldats, il fait égorger hommes, femmes et enfants. Ailleurs, il brûle les femmes réfugiées dans une grange ; un soldat compatissant leur ouvre la porte pour les sauver ; elles sont rejetées dans le feu à coups de piques. Vingt-cinq mères de famille ont cherché refuge au fond d'une caverne ; le vice-légat du pape fait allumer un grand feu à l'entrée ; plus tard, on retrouvera leurs ossements au fond de la grotte. De sang-froid, d'Oppède fait hacher en pièces des malheureux sans armes et sans défense ; il oblige à laisser mourir de faim les enfants qu'on n'égorge pas ; enfin, le gros du carnage fini, il fait la chasse à l'homme et invente contre ceux qu'on lui amène de terribles raffinements de barbarie.

Quel fut le bilan de ce crime ? Les trois villes vaudoises et vingt-deux villages étaient détruits, trois mille personnes massacrées, deux cent cinquante-cinq exécutées après les massacres sur un simulacre de jugement, six ou sept cents hommes envoyés sur les galères et beaucoup d'enfants vendus comme esclaves. L'armée des égorgeurs se retira enfin, laissant derrière soi une double ordonnance du parlement d'Aix et du vice-légat d'Avignon qui défendaient que nul, sous peine de la vie, n'osât donner retraite, secours ou vivres à aucun Vaudois.

Une multitude de malheureux qui erraient dans les bois et les rochers du mont Lubéron moururent de faim. Les plus robustes parvinrent à gagner les hautes Alpes, ou la Suisse ; le pays restera désert.

Le 18 août suivant, le roi, toujours trompé par ses conseillers, approuve cette extermination, acceptant ainsi devant l'histoire, la solidarité de ce grand forfait.

Disons à sa décharge qu'il est très diminué par la maladie depuis plusieurs années. Très certainement, il a contracté le mal de Naples (syphilis). Et bien d'autres maux encore le tourmentent.

L'horreur glace tout ce qui reste humain dans les pays catholiques, et un grand cri d'indignation retentit chez les peuples protestants. Ce massacre est le prélude d'une immense guerre civile qui déchirera la France partagée en deux camps.

Nous avons vu Marguerite s'efforcer de protéger les infortunés Vaudois. Quand parvient à la Cour la nouvelle des cruels événements de Provence, elle est pénétrée de douleur et de colère. Elle marque son indignation devant le gendre du baron d'Oppède qui lui a narré le massacre, et le laisse une heure à genoux tandis qu'éclate un désespoir impossible à calmer.

Elle se désole de n'avoir plus d'influence sur son frère ; à quoi bon rester à la Cour désormais ? Malade, découragée, elle décide de repartir pour la Navarre ; elle eût souhaité emmener Jeanne, mais le roi s'y oppose. Alors, elle regagne ses terres en compagnie de son mari qui n'attend rien de François Ier ni de l'empereur.

Chapitre VI

Marguerite se retire dans son royaume de Navarre qu'elle administre avec une sage équité. Sa cour de Nérac devient un centre de culture et un refuge pour les écrivains suspects. Mais bientôt la mort de François 1ᵉʳ la bouleverse et fait d'elle une « morte-vivante » jusqu'à sa propre disparition deux ans plus tard.

Voilà donc Marguerite revenue dans ses Etats de Navarre qu'elle rejoignait avec soulagement dès que sa situation devenait difficile à la Cour. Déjà en 1542, dans une période d'amertume, elle s'était éloignée. Ce séjour, qui dura un an et demi, ne fut pas exempt d'inquiétudes, du moins au début. Il faut dire que l'évêque de Condom, Erard de Grossolles, furieux de l'appui apporté aux réformés, lui manifestait une hostilité farouche. François Iᵉʳ informé de la situation déplaça le turbulent prélat à Blois. Mais la reine n'est pas rassurée à cause « de la braverie (bravade) qu'ont fait ses parents » nous apprend une de ses lettres à Monsieur d'Izernay intendant de la maison de Jeanne d'Albret et ami très sûr. L'accusation est grave, qu'on en juge !

« Et par quelques avertissements que j'ai eus que l'on use fort de poisons de ce côté-là, j'ai prié le roi de Navarre, tant que j'aurais à demeurer ici, que l'on éloignât de cette ville ceux qui étaient audit évêque, ce qu'il a fait doucement, en leur remontrant l'opinion que j'en avais, et a donné ordre que personne n'entre à nos offices. »

Marguerite précise le procédé dont usent les moines en ce pays ; ils utilisent l'encens, ce qui ne la met guère en souci car elle est trop souffrante pour quitter sa chambre. Oh ! rien d'alarmant, elle attend avec joie un nouvel enfant, « par quoi cette fête de Noël a été chantée en notre grand'salle, et de mon lit, j'ai ouï matines et la grand'messe » ajoute sa lettre en date du 29 décembre 1542.

Toujours généreuse, elle fait grâce, avec la permission du roi, à l'agent de M. Condom. Mais elle regrette qu'on n'ait pu se saisir d'un certain M. de Lescure qui, lui, aussi, a tenté de l'assassiner. Enfin, tout danger est éloigné.

Malheureusement, de telles émotions ont réagi sur son état ; et au printemps suivant, elle a la douleur d'annoncer à son frère la mauvaise issue de sa grossesse, ce qui lui est une grande déception.

Pour l'instant, Marguerite vit dans la joie de cette maternité qui s'annonce et qu'elle espérait depuis si longtemps. Dans sa lettre à Mr. d'Izernay, elle ne craint pas d'accumuler des détails très réalistes sur sa santé : »... Je me suis trouvée cinq ou six jours si forte et si bien qu'il n'était possible de mieux, et avais même laissé le vin de Creneche (vin de Grenade) ; mais j'ai été contrainte de le reprendre quand c'est venu sur le terme des trois mois, lequel j'aurai passé le quatrième de janvier... »

Le lendemain, elle adresse une nouvelle lettre à son confident. Elle ne peut contenir son enthousiasme devant l'effet presque miraculeux produit par une lettre reçue de son frère, et qui était « de si bonne substance et vertus qu'elle m'a nettoyée de tous mes maux » assure-t-elle avec conviction. Suit une nouvelle énumération de ses malaises, qui s'achève ainsi : « Et crois que mon mal eût continué... n'eût été la réception des dites lettres qui m'ont apporté ce bonheur. »

Les lettres suivantes seront plus inquiètes. Marguerite ne sait que penser et elle écrit au roi : « Notre Seigneur veuille que ce soit chose dont vous puissiez être aussi bien servi. » Ceci est une allusion à l'engagement pris par la reine de Navarre : cet enfant se consacrerait au service du roi de France.

Hélas ! il faut déchanter : cette grossesse a une fâcheuse issue : deux petites jumelles mort-nées venues avant terme et non baptisées. François Ier console sa sœur qui le remercie de la réconforter. Elle s'accuse d'avoir « failli à faire un enfant pour lui. » Et elle ajoute ce souhait surprenant d'avoir « la force d'en faire un nouveau tant qu'il plaira à Dieu me donner la connaissance d'être femme. »

Quand on pense que Marguerite dépasse maintenant cinquante ans, on est saisi de pitié devant la faillite affective de cette femme faite pour toutes les joies du cœur, qui ne cesse d'aspirer à la maternité et se voit sans cesse refuser ce bonheur. Sa seule enfant, Jeanne d'Albret, lui a été retirée au nom de la raison d'Etat et lui témoigne une indifférence polie.

Sa correspondance ne mentionnera plus jamais ce malheur ; elle gardera en son cœur ce nouveau chagrin, et ses familiers éviteront ce sujet pénible en leurs entretiens. D'ailleurs, comme le note Brantôme, il lui déplaisait d'entendre prêcher sur la mort, bien que ce problème l'ait parfois hantée et même angoissée. Quand on lui parlait du paradis qui attendait les élus, elle disait : « Oui, mais auparavant, il faut rester si longtemps sous terre. »

La reine refuse d'entendre évoquer la mort, mais elle ne cesse d'y penser car sa santé est de plus en plus chancelante.

155

« Elle est de complexion délicate » dit l'ambassadeur vénitien Dandolo qui, comme tous ceux qui l'approchent, est conquis par son charme. Pourtant, les déceptions de tout ordre ne l'ont pas épargnée, et, si elles n'ont pas atteint son âme, elles ont brisé, ou du moins usé son corps. Dans ses dernières poésies, elle évoque ses « cinquante ans affaiblis » qui la rapprochent de la tombe. Et ses derniers portraits témoignent de ce déclin avec une vérité qui serre le cœur. Qu'il est admirable cet acharnement à vouloir créer une vie alors qu'elle entrevoit la fin de la sienne !

Marguerite semble impressionnée par le séjour des morts sous la terre, ainsi que nous l'avons signalé, et une anecdote tirée de Brantôme est des plus curieuses. Son frère puîné avait connu à Ferrare chez la duchesse Renée, la charmante fille de Louis XII, une jeune veuve, Françoise de la Roche dont il s'était épris. Il l'avait ramenée en France, sa patrie, et conduite à la Cour de la reine de Navarre, où elle était morte. Trois mois plus tard, de retour de guerre et passant à Pau, il était allé saluer la reine comme elle revenait de vêpres. Elle lui fit un excellent accueil, et, le prenant par la main, le promena pendant plus d'une heure, « car la complexion de cette honorable princesse était de ne dédaigner les belles conversations... » de propos en propos, elle arrêta le jeune gentilhomme sur la tombe de Françoise.
– « Mon cousin, lui dit-elle, ne sentez-vous rien mouvoir sous vous et sous vos pieds ?
– Non, madame », répondit-il
– « Mais songez-y bien, mon cousin », lui répliqua-t-elle.
– « Madame, j'y ai bien songé, mais je ne sens rien mouvoir, car je marche sur une pierre bien ferme. »
– « Or, je vous avise », dit alors la reine sans le tenir plus en suspens, « que vous êtes sur la tombe et le corps de la pauvre mademoiselle de La Roche, qui est ici dessous vous enterrée, que vous avez tant aimée ; et puisque les âmes ont du

sentiment après notre mort, il ne faut pas douter que cette honnête créature, morte de frais, ne se soit émue aussitôt que vous avez été sur elle ; et, si vous ne l'avez senti à cause de l'épaisseur de la tombe, ne faut douter qu'en soi ne se soit émue et ressentie ; et, d'autant que c'est un pieux office d'avoir souvenance des trépassés, et même de ceux que l'on a aimés, je vous prie de le lui donner un PATER NOSTER et un AVE MARIA et un DE PROFUNDIS, et l'arroser d'eau bénite ; et vous acquerrez le nom de très-fidèle amant et d'un bon chrétien. »

Ce trait nous semble concilier la croyance de l'âme mystique et la délicatesse de la femme platonicienne.

Quel est maintenant le genre de vie de la reine en Navarre ? A-t-elle fini par s'accoutumer à ce pays qui l'avait tant déçue jadis ˙ quand, nouvelle mariée elle y accompagna Henri d'Albret, ce jeune époux dont elle était si vivement éprise ?

Après tant d'épreuves, de chagrins, d'angoisses, de fatigues, elle aspire à une vie paisible, et ici, elle se sent à l'aise, loin de tout apparat. C'est surtout à Pau et à Nérac qu'elle se plaît. Quand elle réside à Pau, elle habite le vieux château édifié par Gaston Phébus. Cette imposante forteresse avait été modifiée par Gaston IV de Foix au xve siècle en vue de lui faire perdre son allure guerrière. Henri et Marguerite décident d'en faire une demeure de la Renaissance ; et, pendant plusieurs années, de grands travaux ont été entrepris, et cette maison est devenue agréable et gaie ; au-dessus du Gave, une terrasse longe tout le premier étage.

L'aménagement intérieur du château est également renouvelé ; les murs sont tendus de très riches tapisseries, dont certaines sont l'œuvre de la reine. On voit partout des objets de prix de toutes natures parmi lesquels on peut admirer « une grande nef d'argent doré » aux armes du roi. Quant à Marguerite, elle a fait venir de Fontainebleau sa fameuse bibliothèque où voisinent romans de la Table Ronde et conteurs italiens, tel un Boccace « escript à la main en parchemin et bien ystorié ».

Le petit parc agréablement aménagé permet de douces rêveries et les graves méditations qu'elle affectionne.

Mais plus encore que Pau, lui plaît Nérac dont le château domine la Baïse. L'extérieur présente l'aspect d'un castel médiéval, mais l'intérieur est tout moderne et meublé avec luxe. Naturellement, la bibliothèque est très variée. Et, comme à Pau, Marguerite dispose d'un jardin propice à la méditation.

C'est dans cette résidence que la reine vit le meilleur des jours passés en Navarre. N'est-elle pas proche de la France et des courriers venus de la Cour et attendus avec tant d'impatience ?

Ici, elle est heureuse loin des intrigues et de la tracassière Sorbonne. Elle peut se laisser aller au charme d'une vie facile et gaie au milieu de son cercle de familiers, et près de son peuple vite conquis par sa douceur, sa bienveillance et sa simplicité.

Parmi ses proches, figurent des dames qui lui sont chères : sa vieille amie la sénéchale de Poitou et sa fille Madame de Bourdeille mère de Brantôme, Madame d'Orsonvilliers chantée par Marot, Mademoiselle de Saint-Pather, distributrice de ses aumônes, Madame d'Avangour, la plus grande écouteuse de la cour de Nérac, Louise de Daillon, Blanche de Tournon, Mademoiselle de Caumont, la gaieté même, dont la famille paiera un lourd tribut au fanatisme dans la nuit de la Saint-Barthélémy. Citons encore Mademoiselle d'Artigaloube et Françoise de Clermont.

Certains de ses amis, – et des meilleurs – Izernay, surintendant de la maison de Jeanne d'Albret, et Frotté, trésorier minutieux dont les registres nous renseignent sur l'état des finances de Marguerite, sont tous deux au loin. Mais ils veillent aux intérêts de leur maîtresse, le premier près de Jeanne, le second à la Cour.

Elle a près d'elle en permanence ses secrétaires, ses médecins, les gens de son conseil, les officiers de son mari et ceux de son frère, tel Burye, de valeur militaire éprouvée, ainsi que Castalio et Mathieu Pac appelés à Pau grâce à leurs talents de jurisconsultes. Juriste lui-même, Boyssonné se réjouit de les voir dans les bonnes grâces de la reine. Viennent aussi en visite des gens appelés par leurs fonctions en Navarre ou en Guyenne : le fameux capitaine Carbon, Jean de Montpezat, sénéchal de Bazadois et son épouse Françoise de Fimarcon ; ou encore l'humaniste de renom Lazare de Baïf, chargé de mission à Nérac par le roi de France ; et, au temps où il fut lieutenant-général en Guyenne, Galiot de Genouillac, archevêque de Bordeaux. Et bien d'autres se manifestaient ainsi.

Nous savons déjà que la cour de Nérac était accueillante à tous ceux qui, humanistes ou réformés, fuyaient les cachots et les flammes. Certains se sont éloignés : Calvin à Genève, Caroli, ancien aumônier de Marguerite, a quitté la cure d'Alençon et après avoir choisi le protestantisme, est devenu ministre de ce culte à Neufchâtel. Moins heureux un autre aumônier, Jean Michel, vient d'être brûlé à Bourges, après avoir imprudemment quitté son refuge de Suisse.

Et le cher Lefèvre d'Etaples, l'âme du cénacle de Meaux, réfugié à Nérac après l'affaire des placards ? il est mort chez sa protectrice. On ne savait pas exactement son âge, mais il paraissait chargé d'ans. Un jour qu'il semblait tout triste, il répondit à Gérard Roussel qui s'inquiétait de son état : « Je compte pour un très grand crime, qu'ayant connu la vérité et l'ayant enseignée à plusieurs personnes qui l'ont scellée de leur sang, dans un âge où j'aurais dû désirer la mort, au lieu

159

de la craindre, j'ai eu la faiblesse de me tenir dans un asile, loin du lieu où se gagnent les couronnes des martyrs. »

Après avoir ainsi exprimé son remords, le vieil humaniste se coucha ; le lendemain, il expirait en disant : « Je laisse mon corps à la terre, mon esprit à Dieu, et mon bien aux pauvres. »

La reine est très marquée par les derniers propos de son protégé, et longtemps encore, elle évoquera avec émotion les regrets de l'évangéliste au grand cœur.

Nous avons noté la présence de Gérard Roussel aux côtés de Lefèvre d'Etaples ; l'ardent prédicateur dont le succès aigrit jadis l'humeur jalouse des théologiens de Sorbonne est désormais fixé dans la région, par la grâce de Marguerite qui a obtenu pour lui l'évêché d'Oloron, à la grande indignation du farouche Calvin.

Quelques années plus tard, deux disparitions de poètes qui lui sont chers endeuilleront Marguerite. Il s'agit de Clément Marot et de Bonaventure des Périers qui se suivent de près dans la mort.

C'est à Turin, en terre étrangère que s'est éteint maître Clément qui languissait tant, loin de la France. Son fidèle ami Lyon Jamet ne laisse à nul autre le soin de rédiger son épitaphe ; celle-ci figure sur le tombeau du pauvre Marot en l'église Saint-Jean de Turin.

En voici le texte :

> Icy devant au giron de sa mère
> Gist, des François le Virgile et l'Homère,
> Cy est couché et repose à l'envers
> Le nompareil des mieux disans en vers.
> Cy gist celui que peu de terre coeuvre,
> Cy dort un mort, qui toujours vif sera,
> Tant que la France en François parlera.
> Bref gist, repose et dort en ce lieu-cy
> Clément Marot de Cahors en Quercy.

L'attachement de Marguerite pour ce poète « à l'élégant

badinage » ne s'est jamais démenti. Cet aimable et spirituel poète de cour n'est-il pas aussi celui à qui la foi a inspiré quelques accents élevés et touchants ?

« O seigneur Dieu, permettez-moi de croire
Que réservé m'avez à votre gloire...
Puisque n'avez voulu donc condescendre
Que ma chair vile ait été mise en cendre,
Faites au moins, tant que je serai vivant,
Que votre honneur soit ma plume écrivant.
Et si ce corps avez prédestiné
A être un jour par flamme terminé,
Que ce ne soit au moins pour cause folle,
Ainçois (mais plutôt) pour vous et pour votre parole. »

Et comment Marguerite pourrait-elle oublier ses « Trente Psaumes de David », traduits en français, autre source de persécutions ?

De Venise, il écrit à Lyon Jamet pour justifier sa fuite :

Or, jamais ne vous laissez prendre,
S'il est possible de fuir,
Car après on vous peut ouïr
Tout à loisir et sans colère.
Mais en fureur de telle affaire,
Il vaut mieux s'excuser d'absence
Qu'être brûlé en sa présence...

Et comme Clément Marot a su exprimer l'horreur et la pitié au souvenir des scènes affreuses dont il fut témoin au Châtelet, qu'il appelle par métaphore, l'Enfer ! :

O chers amis, j'en ai vu martyrer
Tant que pitié me mettait en émoi,
Pour quoi vous prie de plaindre avec que moi
Les innocents qui en tels lieux damnables
Tiennent souvent la place des coupables.

Ainsi, sa grâce légère n'exclut pas les sentiments généreux ; et par là, il ne pouvait que charmer Marguerite, au point que

161

certains malveillants accréditèrent la légende d'une idylle entre la souveraine et son poète.

Cette même année 1544, Bonaventure des Périers met fin à ses jours dans des conditions mystérieuses. On sait le scandale qu'avait suscité son « Cymbalum mundi », blâmé, tant par les réformés que par la Sorbonne. Calvin lui reproche d'être frappé d'aveuglement après avoir goûté l'Evangile. Le célèbre imprimeur humaniste Henri Estienne n'est pas indulgent ; « Qui ne sait, s'écrie-t-il, quel contempteur et moqueur en Dieu a été Bonaventure des Périers ? »

La reine, suspecte elle-même, avait dû l'éloigner, mais elle le protégeait du moins dans la retraite qu'il s'était choisie à Lyon. C'est des Périers lui-même qui avoue qu'elle l'avait mis sous la protection de Jean de Lorraine, abbé de Notre-Dame de l'Ile-Barbe :

S'adressant à la reine, il écrit :

« Tu as trouvé un enquesteur de même
Pour t'enquérir de moi, ton malfaiteur,
Qui me connaît mieux que ne fais moi-même,
Qui a été et est mon précepteur...
C'est Monseigneur monsieur de Saint-Martin,
Qui me pourchasse encore bonne aventure. »

(l'île barbe était dédiée à Saint-Martin).

Ce poète d'une érudition exceptionnelle, devait, pour subsister, apprendre à lire aux enfants. La généreuse Marguerite lui fit verser des secours par l'intermédiaire de Mademoiselle de Saint-Pather. La trace de cette générosité ne se trouverait-elle pas dans un mandement de paiement qui figure sur le registre de Jehan de Frotté ? « Pour rembourser à Mademoiselle de Saint-Pather la somme de 80 écus d'or par elle employés et déboursés pour menues affaires de la dite dame, dont elle ne veut autre mention être ici faite ? »

Ce même registre mentionne, ouvertement cette fois : « Le xviiie jour du mois d'octobre fut dépêché un mandement adressant au receveur d'Alençon et du Perche, maître Guillaume Alboust, pour mettre ès mains de Bonaventure des Périers la somme à quoi se pourra monter le rachat des roi et reine de Navarre par le décès de feu Jean Peigne pour raison du fief, terre et seigneurie des Champs tenue desdits seigneur et dame à cause de leur châtellenie de Belesme. »

Et voici qu'il retrouve sa place de valet de chambre. Cette faveur est datée de Dijon au moment où la Cour va partir pour Fontainebleau : « Le dernier jour dudit mois d'octobre (1541), dépêché à Dijon un mandement adressant au trésorier et receveur général d'Alençon maître Mathurin Javelle pour payer les deniers de sa charge de cette présente année, finissant le dernier jour de décembre prochain venant à Bonaventure des Périers, la somme de 110 livres tournois à lui ordonnée par la dite dame pour ses gages de valet de chambre durant la dite année en laquelle il a été omis être couché dans l'état. »

La reine apprécie la valeur de des Périers ; mai il est certain qu'elle lui sait gré aussi d'avoir défendu Marot contre un certain Sagon qui, pendant l'exil du poète, avait tenté de le perdre dans l'esprit du roi. Ne pouvant intervenir directement, Marguerite s'adresse à Bonaventure qui écrit donc une épître dédiée à la reine : « Pour Marot absent contre Sagon ».

Le secret de sa vie privée nous échappe totalement. Aussi est-il impossible de percer la cause de son suicide. Découragement devant l'incompréhension et l'hostilité qui l'enveloppaient ? Peut-on penser que, se voyant isolé et incompris, il n'a pu supporter d'être condamné au silence ? Sa plainte s'exprime sous l'allégorie du chien Hylactor : « Et pourtant, il n'est possible qu'il n'y ait encore au monde quelques chiens pour m'entendre... Je voudrais connaître quelque poison ou herbe qui me fît perdre la parole et me rendît aussi muet que tous les chiens qui s'offrent à ma rencontre, je serais bien plus heureux que de languir ainsi du misérable désir que j'ai de parler, et ne trouver oreilles commodes pour ce faire » Lucien Febvre s'émeut ; il écrit : « Plainte tragique. Je n'en sais point de pareille, point qui soit sortie au xvie siècle de la bouche d'un homme avec tant de simplicité et d'éloquence sobre. » Est-ce la clé de l'énigme ?

Pour attachée qu'elle soit aux pensées les plus élevées, la reine s'intéresse à la vie matérielle et administre sagement ses domaines.

Sans posséder une fortune brillante, le ménage d'Albret bénéficie de belles rentes. Le roi sert à sa sœur une pension de 24 000 livres qui vient s'ajouter aux revenus qu'elle tire de son douaire et des apanages dont il l'a comblée. De son côté, Henri d'Albret joint à ses revenus personnels (évalués à 30 000 livres environ) son traitement de gouverneur de Guyenne. Cette charge exercée assez régulièrement pendant vingt ans, soit jusqu'à la mort de François Ier, lui rapporte 24 000 livres. N'oublions pas les nombreuses gracieusetés et cadeaux que le roi ne leur ménageait pas : don du revenu des mines d'or, argent, plomb, laiton, fer, cuivre à ouvrir en Guyenne, droit de lever certains droits de douane, abandon d'amendes ou de bien confisqués. A toutes ces largesses s'ajoutent les revenus tirés de leurs États. Bien que la Navarre, le Béarn, l'Armagnac, le comté de Foix soient des régions pauvres, elles assurent des rentes décentes à leur souverain. De plus, Henri et Marguerite recevaient de leurs sujets différents dons sous forme d'allocations régulières ou de subsides extraordinaires votés dans les grandes occasions.

Le roi et la reine de Navarre sont tous deux attentifs à la gestion de leur fortune, et leurs terres sont bien administrées.

Et surtout, ils favorisent le développement économique de ces terres assez déshéritées. Ils font venir de Sologne et du

Berry, des laboureurs chargés d'enseigner aux paysans navar-
rais de plus fécondes méthodes de culture. Ils se renseignent
sur toutes les ressources du pays ; c'est ainsi qu'ils s'intéressent
à des mines récemment découvertes à Cize, en Basse-Navarre.

Henri se préoccupe aussi de renforcer la défense de ses
villes en fortifiant les remparts de Pau, de Navarreins et de
Foix. Il s'attache aussi à satisfaire ses sujets par une
ordonnance destinée à leur assurer une plus stricte justice
« pour le soulagement et entretenement » des habitants. Il y
a là un réel et méritoire effort que Marguerite favorise de
toute son influence.

Les charges de la reine sont-elles lourdes ? Il faut reconnaî-
tre qu'il lui faut assurer un grand train de maison. Son livre
de dépenses tenu par Jehan de Frotté, contrôleur général de
ses finances après la mort de Victor Brodeau, est riche de
renseignements. Voyons ce personnel : un chancelier, deux
chambellans, dix maîtres d'hôtel, trois écuyers, dix-sept
secrétaires, quatre médecins, un chapelain, six aumôniers,
vingt valets de chambre. Sont encore à sa charge ses gens
de robe et de finances.

Tous les papiers de Frotté n'ont pas été retrouvés, mais un
registre des Archives de Pau mentionne d'autres serviteurs
encore : 2 écuyers tranchants, 5 échansons, 10 pannetiers, 5
maréchaux des logis, 6 fourriers, 3 clercs de chapelle, 1 clerc
d'aumônier, 4 huissiers de chambre, 3 huissiers de salle,
4 sommeliers de panneterie, 7 aides à cheval et 6 à pied,
6 sommeliers d'échansonnerie, 2 queux, 2 pâtissiers, 2 gardes-
vaisselle, 3 clercs d'office, 4 maîtres de salle et fourriers,
5 laquais, 3 maréchaux, 2 portiers, 1 tapissier, 3 valets de salle,
enfin 20 pensionnaires.

Aux dépenses que nécessite un tel personnel, il faut ajouter
ce que la reine fournit à l'entretien très lourd de la maison
de sa fille, la prodigue Jeanne d'Albret ; en outre, elle possède
plusieurs châteaux dont l'entretien est coûteux : ceux

165

d'Alençon, d'Argentan, d'Esmes, de Baugé, de Creil, de Montlezun, Laverdeux, Verneuil, Issoudun, tous pourvus de capitaines et de gouverneurs ; elle ne les habite jamais, mais ne peut les laisser à l'abandon.

Ses nombreux déplacements à travers la France sont à sa charge intégrale, même quand c'est le roi qui l'appelle près de lui. Il en est de même des messagers qui circulent sans cesse du Béarn à la Cour et à Plessis-les-Tours.

Si l'on songe aux aumônes réservées aux pauvres et aux couvents ainsi qu'aux hospices fondés et soutenus par son inépuisable charité, on voit que ses dépenses strictement personnelles sont assez limitées ce qui ne la détourne pas de pensionner écrivains et artistes qui ne la sollicitent jamais en vain.

Signalons encore qu'elle n'a jamais voulu s'attribuer les amendes et confiscations qui, de droit, lui reviennent.

Ses bienfaits remplissent tant de pages du registre de Frotté rien que pour une seule année qu'il est impossible de les énumérer.

Nous connaissons, maintenant le train de vie de la reine, de ses proches et familiers. Une question se pose : comment s'écoulent ses journées loin de la vie trépidante et des incessants déplacements auxquels elle est accoutumée à la cour de son frère ?

Les jours se succèdent, semblables et tranquilles, les premières heures de la matinée sont consacrées à Dieu ; puis, la reine groupe autour d'elle ses officiers et ses dames ; elle est vêtue en « simple habit », comme « une simple Damoiselle » Sainte-Marthe précise : « Elle portait, le plus souvent, un chapeau très simple qui lui serrait la tête et les oreilles, et une robe de couleur sombre à longues manches pendantes ». Tout en travaillant à l'aiguille, elle suit la conversation générale qui roule sur les nouvelles venues de France. Avec quelle impatience on attend les courriers! et comme les visiteurs sont interrogés avidement! Chacun apporte sa hotte de renseignements; on s'interroge sur les intrigues qui se nouent autour de François Ier. Marguerite écoute tous les avis et donne son opinion que chacun discute en toute liberté; et la conversation se poursuit sans contrainte, par les cheminements les plus divers. Puis, les nouvelles épuisées, l'un des assistants soulève un problème de morale ou conte une anecdote piquante où l'on trouve matière à de courtoises discussions. Cette période voit justement les cercles littéraires et mondains s'orienter vers une culture infiniment plus riche et plus délicate que celle qui prévalait jusqu'aux environs du premier tiers du siècle. Et l'honneur en revient dans une large part à la sœur de François Ier. C'est elle qui, la première, a su renouveler l'art de la conversation à la Cour de France et à la Cour de Navarre. Les entretiens qui font suite aux nouvelles de « l'Heptaméron » que Marguerite a composé entre 1542 et 1546 sont un témoignage vivant et durable des propos qui s'échangeaient dans une société raffinée. C'est un point que nous retrouverons en traitant de cet ouvrage et de ce qu'il apportait de nouveau dans notre littérature.

Les poètes lisent leurs vers, on égrène des souvenirs, Marguerite évoque avec plaisir la jeunesse de son frère; chacun défend ses théories, et le cercle prend ainsi, un siècle à l'avance, les manières d'un salon du temps de Louis XIV. La conversation se poursuit à table, et, comme l'écrit Sainte-Marthe, « Somme, il n'y avait un seul moment d'heure qui ne fust par elle employé à tous propos honnestes, délectables et utiles. « Voilà qui évoque les Thélémites, dont la règle unique était : « Fais ce que voudras », belle et humaine devise expliquée ainsi par Rabelais : « Les gens libres, bien nés, bien instruits, conversant en honnêtes compagnies, ont, par nature, un instinct et un stimulant qui les pousse toujours à accomplir de vertueuses actions et à s'éloigner du vice : c'est ce qu'ils nomment honneur. »

S'il arrivait un livre nouveau, chacun le lisait, et ensuite une libre discussion s'ouvrait sur les mérites ou les défauts de l'ouvrage. Ou encore, la reine montre à ses familiers les œuvres très nombreuses dont on lui fait l'hommage. Qu'elles émanent d'auteurs illustres ou obscurs, ils témoignent de l'ardeur avec laquelle Marguerite favorisa l'essor de nos lettres à l'aube de la Renaissance et aussi, s'il en était besoin, de sa bonté souveraine à laquelle il ne fut jamais fait appel en vain.

C'est aussi le temps où va éclater la fameuse « Querelle des femmes » qui mobilisera tous les écrivains engagés dans le camp féministe ou du côté adverse.

On se doute de l'impatience ardente du cercle de la reine à chaque parution d'un ouvrage abordant cet important problème.

Parfois, la reine recherche la solitude pour se promener et se livrer à la méditation dans quelque allée du parc, sous les arbres qui bordent la Baïse ou le gave de Pau. Ou encore, accompagnée de ses dames, elle visite les habitants de sa bonne ville, s'intéresse au travail d'un artisan, ou entre chez des pauvres gens qu'elle soulage et réconforte. Il lui arrive aussi, lorsque sa santé délicate lui interdit la marche, de voyager dans son « coche » aux environs de Pau ou de Nérac ; alors, elle s'arrête dans une ferme pour boire un bol de lait, ou converse dans la campagne avec un paysan. Voici les vers qui, dans un aimable tableau, traduisent sa sollicitude à l'égard des humbles :

> « Par une sente, où l'herbe était plus basse,
> Me dérobai (comme femme non lasse)
> Hâtivement, pour n'être point suivie,
> Car de parler à nul n'avais envie.
> En mon chemin, je trouvai un bon homme :
> Là m'arrêtai, en lui demandant comme

L'année était, et qu'il en espérait,
Qu'il avait fait, qu'il faisait, qu'il ferait
De sa maison, femme, enfants et ménage,
De son repos et de son labourage ?
Prenant trop plus de plaisir à l'ouïr
Qu'en ce que plus me soulait (voulait) réjouir.
Ainsi parlant, pensant toute seule être
Je vis de loin trois Dames apparaître... »

Au hasard de ses promenades, elle entre parfois dans une église pour se rapprocher un instant de son créateur, ou visite un monastère et elle ne manque pas d'y laisser quelque aumône.

Le soir, dans la grande salle du château, elle retrouve ses amis, et la conversation reprend de plus belle.

Parfois, on organise une représentation théâtrale : les suivantes de Marguerite se partagent les rôles d'une de ses comédies, et sans changer leurs costumes, elles jouent « La Nativité », le « Désert » ou encore une farce ou moralité, telle : « L'Inquisiteur », œuvre très audacieuse. La reine présente un docteur en Sorbonne, inquisiteur d'une sévérité extrême contre les partisans des nouvelles doctrines, sauf s'ils se rachètent à prix d'argent. La pièce commence par une autoprésentation de cet homme cynique, bas et cruel :

« Car il vaut mieux qu'un homme innocent meure
Cruellement pour être exemple à tous...
Bons et mauvais, la chose est claire et ample,
J'envoie au feu quand me sont présentés ;
Je n'ai regard seulement qu'à l'exemple,
Et ne me chault de tous les tourmenter,
Assez de gens se sont mal contentés
De ma rigueur, mais je n'en fais que rire... »

Cet inquisiteur sort, escorté de son valet, et trouve des petits enfants qu'il veut empêcher de se livrer à leurs jeux, mais ils se moquent de lui. Il adresse alors à l'un d'eux des questions auxquelles celui-ci répond avec bon sens. Ses compagnons et lui chantent en chœur des psaumes de David. Leur courage et leur sang-froid bouleversent à tel point l'Inquisiteur qu'il adhère au véritable principe de la religion : la tolérance, et renonce à ses fonction.

Bien qu'invraisemblable, ce dénouement optimiste est heureux et satisfait les justes.

Dans cette comédie, les enfants Janot, Jacot, Perrot, Clérot et Thierrot personnifient le peuple simple et droit, mieux disposé à suivre les voies évangéliques que les riches et les puissants. Ce peuple est celui des cardeurs de laine de Meaux, ces doux martyrs qui firent joyeusement le sacrifice de leur vie.

Cette pièce prouve que Marguerite ne s'en est pas tenue à des sympathies vagues et timides pour l'évangélisme mais prit hardiment position face à l'adversaire.

Parfois, accompagnée de ses dames, la reine se plaisait à visiter ses châteaux ou à surprendre ses voisins. C'est ainsi qu'un jour elle se rend à Bassens près de Bordeaux au château où s'est retirée la veuve de César Fregoso, cet Italien issu d'une grande famille génoise, qui ami de François Ier, fut envoyé en Turquie en qualité d'ambassadeur, et assassiné par ordre de Charles-Quint.

Retirée en Guyenne, sa veuve tient une véritable petite Cour à l'image des célèbres cours de Ferrare ou d'Urbin. Le célèbre conteur Matteo Bandello, grand admirateur de Marguerite, vit heureux dans cette atmosphère lettrée. On peut imaginer l'agrément de l'entretien entre les deux conteurs.

Ainsi, la reine, désormais revenue de ses illusions, a renoncé à toute ambition et connaît des journées douces au milieu de ses intimes qu'elle affectionne et qui lui sont très attachés.

Et c'est dans ces années qu'elle écrit l'Heptaméron, recueil de nouvelles que la mort ne lui permettra pas d'achever.

Il sera dit que Marguerite ne goûtera jamais longtemps une satisfaction totale. Découragée après le massacre des Vaudois, elle avait retrouvé avec soulagement ses terres de Navarre dans l'espoir d'y trouver la sérénité dont elle avait tant besoin. Or, six mois à peine après son retour, une nouvelle terrible lui parvient : le grand humaniste Etienne Dolet qu'elle avait sauvé naguère, n'a pu échapper au bûcher de la place Maubert. Arrêté par ordre de l'inquisiteur Mathieu Orry, condamné à être brûlé vif, il avait obtenu des lettres de grâce ; remis en liberté, il avait jugé prudent de gagner le Piémont ; mais croyant tout danger écarté, il était rentré en France. De nouveau arrêté, enfermé à la Conciergerie en 1544, après deux ans de procédure, ce « Christ de la pensée libre » fut reconnu par le parlement coupable de blasphèmes, de sédition et d'exposition de livres prohibés et damnés, et condamné à être conduit place Maubert « où sera dressée et plantée en lieu commode et convenable une potence à l'entour de laquelle sera fait un grand feu auquel, après avoir été soulevé en ladite potence, son corps sera jeté et brûlé avec ses livres, et son corps mué et converti en cendres ».

Après avoir imprimé « l'Enfer » de Marot, il avait lui-même écrit un recueil d'épîtres portant ce titre. C'est le second Enfer (il avait projeté mais non écrit un Premier Enfer).

> Quand on m'aura ou bruslé ou pendu,
> Mis sur la roue, et en cartiers fendu,
> Qu'en sera-t-il ? Ce sera un corps mort.
> Las ! toutefois, n'aurait-on nul remord
> De faire ainsi mourir cruellement
> Un qui en rien n'a forfait nullement ?
> Un homme est-il de valeur si petite ?
> Est-ce une mouche ? ou un ver, qui mérite,
> Sans nul égard si tôt estre détruit ?

Un homme est-il si tôt fait et instruit,
Si tôt muni de science et vertu,
Pour estre ainsi qu'une paille ou fétu,
Annihilé ? fait-on si peu de compte
D'un noble esprit qui maint autre surmonte ? [1]

Et, dans son cachot de la Conciergerie, l'année de son exécution, ces quatre vers résignés :

Soit tôt ou tard ce corps deviendra cendre,
Car à nature il faut son tribut rendre.
Et de cela nul ne peut se défendre,
Il faut mourir.

On dit que le malheureux s'écria, face au bûcher : « Suis-je donc un loup ? »

Après son exécution, un poème, œuvre d'un auteur prudemment anonyme, rend hommage au grand disparu :

Mort est Dolet et par feu consumé !
Oh ! quel malheur ! oh ! que la perte est grande !
Mais quoi, en France, on a accoutumé
Toujours donner à tel esprit telle offrande.
Bref, mourir faut, car l'esprit ne demande
Qu'issir (sortir) de corps, et tôt être délivré
Pour en repos ailleurs s'en aller vivre.
Qu'est-ce qu'il dit, sur le point de brûler
Pendant en haut tenant ses yeux en l'air :
« Va-t'en, Esprit, droit au ciel pur et monte,
Et toi, mon corps, au gré du vent voler
Comme mon nom volait par le monde ».

La douleur de Marguerite est profonde. Elle se rappelle l'épître suppliante que lui adressait Dolet en tête de son « Second Enfer ». Il fut un temps où elle était loin de France, disait-il, mais puisqu'elle est revenue, qu'elle soutienne ses amis :

1. Robert Sabatier. Histoire de la poésie française

« C'est toi en qui mon espoir total gît »,

Par cet appel s'exprime la foi de Dolet en celle qu'il couvre de louanges : « A la prière de Minerve, tu honores les savants, tu les aimes, tu les défends, et autant qu'il est en toi, tu leur viens en aide ».

Dès qu'elle a connu son arrestation, elle est intervenue auprès du roi, mais François Ier, lancé dans la répression, refuse de céder à ses prières. Elle ne peut plus rien désormais pour ses protégés, sinon prier avec ferveur.

En septembre, un mois après la mort du malheureux Dolet, elle gagne Cauterets où un gros orage lui donne l'idée du cadre où se déroulera l'Heptaméron ; revenue en octobre à Nérac, elle se rend ensuite à Mont-de-Marsan et passe ses journées au couvent de Sainte-Claire. Par faveur spéciale du pape, l'abbesse de ce cloître est autorisée à en sortir accompagnée d'une religieuse douze fois par an pour aller voir la reine au château.

Les derniers jours de l'année, François Ier rappelle sa sœur près de lui ; il est malade et se sent désespérément seul ; le clan du dauphin ne se gêne guère pour lui manifester un dédain hostile ; sa favorite la duchesse d'Etampes, inquiète pour l'avenir, se soucie très peu de ce moribond. Alors, il songe à Marguerite au dévouement sans bornes. Mais elle est bien lasse, et l'hiver est très rigoureux ; dès que le temps s'adoucira, elle ira le rejoindre.

Les nouvelles de la Cour se font rares ce qui inquiète la reine de plus en plus ; puis l'angoisse la gagne. Dans un demi-sommeil, il lui semble voir son frère se pencher sur elle et l'appeler doucement à mi-voix. « Ma sœur, ma sœur », disait une figure aux traits émaciés en qui avec épouvante, elle reconnaissait le roi. Alors, elle s'éveillait en sursaut, la face baignée de pleurs.

Ces rêves tragiques la hantaient durant des heures. En mars, elle décide de se rendre au monastère de Tesson pour y faire une retraite.

Pendant ce temps, le roi erre de château en château ; il veut gagner Saint-Germain, mais la maladie l'arrête à Rambouillet où il meurt.

La nouvelle de sa disparition parvient en Navarre, mais nul n'ose en informer Marguerite toujours en attente de courrier. Un jour, au cloître, elle voit une vieille religieuse presque folle qui pleure. La reine s'émeut et l'interroge. « Hélas ! madame, c'est votre fortune que je déplore », lui est-il répondu.

Marguerite dit alors : « Vous me cachiez la mort du roi, l'esprit de Dieu vient de me la révéler par la bouche de cette folle », et elle rentre dans sa chambre pour prier.

Depuis son malheur, la reine reste enfermée à Tesson ; on l'attend en vain à la Cour de France, mais de quatre mois, elle ne sort du monastère et chante sa douleur dans les « Chansons spirituelles » (religieuses) :

> « Tristesse par ses grands efforts
> A rendu si faible mon corps
> Qu'il n'a ni vertu ni puissance.
> Il est semblable à l'un des morts
> Tant que le voyant par dehors,
> L'on perd de lui la connaissance. »

Dans son désespoir, elle appelle à grands cris la mort, cette mort qu'elle a toujours tant redoutée :

> La mort du Frère a changé dans la Sœur
> En grand désir de mort la crainte et peur. »

Marguerite ne cesse de jeter au ciel des cris de douleur ; et elle se tourne vers Dieu, son seul espoir :

> Je n'ai plus ni Père ni Mère
> Ni sœur ni Frère
> Sinon Dieu seul, auquel j'espère...

Puis la raison reprend le dessus ; la reine maîtrise sa

douleur. Sa foi lui interdit de céder au désespoir, tandis que sa tendresse blessée la pousse à parler de celui qui n'est plus. Elle écrit sans cesse, tour à tour laissant pleurer son cœur ou justifiant sa foi, évoquant parfois les souvenirs de sa jeunesse disparue.

Voici un poème qui, procédant par antithèses, montre avec force le bouleversement produit en Marguerite par la mort du roi :

« Mort, trop soudain a éclipsé la force
De mon soleil, me laissant sans lumière
Aux ténèbres de cette terre basse,
Moi, qui de toi venue étais première
Au monde bas, devais première au ciel
Aller, mais quoi, après lui je demeure :
Ma vie était pleine de sucre et de miel,
Quand, de la sienne elle était soutenue ;
Mais maintenant, ce n'est qu'absence et fiel. »

Elle glisse sur les hauts faits du roi François, « Gentil de nom, de race et de vertus », car elle fait confiance à la chronique de Guillaume du Bellay, seigneur de Langey pour assurer...

« ... qu'il a eu la pratique
De gouverner, soit en paix soit en guerre,
Tout son royaume, ou mieux toute la terre. »

Et pour relater les derniers moments de son frère, elle s'inspire de Pierre Duchâtel, lecteur royal, évêque de Tulle, puis de Mâcon, ensuite d'Orléans, qui prononça deux oraisons funèbres de François Ier.

Marguerite rappelle d'abord un souvenir qui illustre l'ardeur de la foi du roi :

« Disant : « Sachez ici, en ce festin,
Si Dieu mandait que demain au matin
Il me fallust par mort le voir au ciel,
En ce banquet n'y a sucre ni miel

> Qui si doux soit à la friande langue
> Comme à mon cœur serait cette harangue,
> Et ne désire à vivre longuement
> Pour d'un tel bien avoir retardement ;
> Digne n'est pas d'avoir un si bon maître
> Qui n'a désir par mort avec lui être. »

Quand vin l'heure suprême, ses sentiments demeurèrent les mêmes. Après avoir reçu les sacrements et s'être humblement confessé,

> « ... biens ni royauté,
> Savoir, pouvoir, force, santé, beauté,
> D'abandonner ne montrait nul regret,
> Ce qu'il disait tout haut, non en secret ».

Par la pensée et surtout par le cœur, Marguerite vit une scène qu'à son grand regret elle n'a pas vécue :

> « ... Un peu avant qu'il dût passer le pas,
> A dire adieu aux siens il s'efforça,
> Et par amour un chacun embrassa,
> Les consolant de son soudain départ. »

Enfin, « ... voyant qu'il n'avait plus

> Chose çà bas qu'il fallût ordonner,
> Devers son Dieu se prit à retourner,
> Rempli d'amour ardente et de foi forte,
> Laissa son corps et passa par la porte
> De cette mort, que si douce éprouva
> Que dedans elle et vie et Tout trouva ;
> Ce que l'on vit, car son corps sain et fort
> Ne fit semblant de ce dernier effort :
> Pas n'est raison que le corps douleur sente
> A ce jour là, puisque l'âme est contente.
> Ainsi ce roi en son Tout fut reçu,
> Car il avait ce Tout par fois conçu. »

Ici, la reine indique une conception à laquelle la conduit sa philosophie religieuse et qu'elle développe dans d'autres poésies : Dieu est Tout ; l'homme n'est rien. De là, à penser que l'amour divin –qui fusionne avec l'amour humain– supplée à tout, la pente est facile. Cette doctrine se rattache aux enseignements néo-platoniciens que nous retrouverons.

Morte à toute joie, véritable corps sans âme, Marguerite vit quand même sur cette terre et il est des obligations auxquelles il lui est impossible de se dérober. Le nouveau roi, son neveu Henri II veut bien tolérer qu'elle ne paraisse pas à la Cour à cause de l'immense fatigue qu'elle ressent. Mais ce n'est qu'un répit. C'est son mari qui accompagnera leur fille Jeanne d'Albret à la cérémonie du sacre. Comme si Marguerite n'était pas suffisamment accablée, de nouveaux soucis vont surgir. Henri II projette à son tour de remarier Jeanne. Il est question d'Antoine de Bourbon-Vendôme, prince du sang. Ce soupirant ne plaît guère à la reine, mais le jeune roi semble s'obstiner comme jadis son père. Toutefois, un élément nouveau intervient. Il se trouve que l'infante de Navarre qui n'éprouvait que répulsion pour le duc de Clèves, s'est violemment éprise d'Antoine de Bourbon. Quand on connaît la force d'âme de la jeune princesse, on devine que personne n'empêchera cette union. Que Marguerite ne s'en avise pas ! Autre sujet épineux : la pension de 24 000 livres versée par François sera-t-elle maintenue par son héritier ? Rien n'est moins sûr car Henri n'éprouvait pas pour son père des sentiments bien chaleureux. Deux clans se partageaient les courtisans du vivant de François. L'un était animé par la favorite de François, Anne, duchesse d'Etampes ; l'autre avait à sa tête Diane de Poitiers, veuve de Louis de Brézé, comte de Maulevrier, grand sénéchal de Normandie. Bien qu'elle fût de vingt ans son aînée, Diane était l'idole du dauphin. Les deux dames ne se ménageaient pas ; Anne fait sonner terriblement son âge et se plaît à répéter : « Je suis

177

née le jour du mariage de Madame la Sénéchale », tandis que Diane attend son heure pour triompher.

Et, bien qu'elle n'ait jamais médit de Diane de Poitiers, la reine de Navarre amie de la duchesse d'Etampes est suspecte à la Cour. Le roi lui-même parle de sa tante en termes blessants à ses familiers, et, fait plus grave, il ne verse pas cette pension attendue avec une impatience inquiète. La pauvre Marguerite doit lui écrire des lettres très déférentes dont souffre sa dignité. S'il ne s'agissait que de son agrément, elle se dispenserait de telles démarches mais elle songe à tous ses protégés, à ceux très nombreux, dont, selon Sainte-Marthe, elle est le port et le refuge. Précisant sa pensée, il dira : « Tu les eusses vus à ce port, les uns lever la tête hors de mendicité, les autres, comme après le naufrage, embrasser la tranquillité tant désirée, les autres se couvrir de sa faveur comme d'un bouclier d'Ajax contre ceux qui les persécutaient. En somme, les voyant autour de cette bonne dame, tu eusses dit d'elle que c'était une poule, qui soigneusement appelle et assemble ses petits poussins et les couvre de ses ailes. »

Henri II daigne enfin s'humaniser, il rétablit cette rente, mais il exige une compensation : Marguerite doit se rendre à Lyon en septembre pour assister à l'entrée solennelle du roi et de la reine Catherine de Médicis dans cette ville.

Elle quitte donc la Navarre et arrive en août dans cette cité qu'elle affectionne. L'entrée du roi eut lieu le 23 septembre ; le lendemain, la ville accueillait Catherine avec de grands honneurs. La reine s'en déclara charmée, mais avoua au cardinal de Ferrare avoir moins goûté une scène représentant Diane la chasseresse et ses compagnes à la recherche de cerfs et de biches. Toutes ces jeunes filles avaient beaucoup d'attraits et réjouissaient la vue, mais cette évocation mytholo-gique ne pouvait être du goût de Catherine. Elle dit au cardinal, non sans humour, avoir moins apprécié que le roi ce tableau allégorique. La fille des Médicis savait se montrer très, très patiente, et attendre... Ces fêtes éblouissantes durèrent plus de huit jours.

On se doute que Marguerite trouve peu de charme à ces festivités, elle, dont le cœur est si lourd. Du moins elle prolonge son séjour dans cette capitale des lettres, car elle goûte infiniment la société des délicats poètes de l'« école lyonnaise » avec lesquels elle se sent en parfaite communion. Quelle éclaircie dans sa vie douloureuse !

Le mois suivant, à Moulins, elle assiste sans plaisir au mariage de sa fille avec Antoine de Bourbon. Ce gendre ne lui plaît guère, mais Jeanne est rayonnante. Qu'elle soit heureuse ! C'est ce que souhaite sa mère qui l'a été si peu dans ses deux unions.

Marguerite repart pour la Navarre d'où elle suit par la pensée la nouvelle duchesse de Bourbon-Vendôme. Elle éprouve une joie très douce car les jeunes époux lui font une visite de quinze jours. Autre satisfaction : en mai, Antoine repart pour assister au couronnement d'Henri II, et Jeanne demeure avec sa mère qui en a été privée si longtemps ! Mais la santé de Marguerite est de plus en plus ébranlée et nécessite un séjour à Cauterets dont les propriétés sont, dit la reine « choses si merveilleuses que les malades abandonnés des médecins s'en retournent tous guéris ; »

Elle se languit de sa fille qu'elle presse de venir la rejoindre. Mais Jeanne s'ennuie de son mari ; alors, le 31 mai, matin de l'Ascension, Marguerite écrit à son gendre : « Venez vous soigner avec nous ! venez retrouver votre femme qui ne parle que de vous : l'eau ne peut « éteindre le tison de son amour. » De jour en jour nous la voyons périr. « Sans vous, elle est sans vie ». Loin de l'écouter, Antoine appelle son épouse qui se précipite sans cacher sa joie, laissant sa mère toute désolée. Elle pleure abondamment ; et voilà qu'éclate un orage ; alors, la reine

179

compose une épître où, avant Ronsard, avant les romantiques, elle utilise le thème des éléments associés à la douleur.

A peine cette épître adressée à sa fille est-elle partie que lui parvient une poésie de sa Jeanne lui disant ses regrets de l'absence et sa promesse de la rejoindre bientôt. Partagée entre deux amours, la jeune femme « éprouve un grand tourment » et affirme ne pouvoir être heureuse que si se réalise son désir « d'ensemble voir père, mère et mari ». Heureuse de cette pensée, la reine lui répond aussitôt. L'une laisse parler son cœur ; chez l'autre, on devine l'effort. Ainsi, alors que Marguerite aurait pu trouver une consolation de ce côté, une nouvelle déception s'ajoute à tant d'autres. Elle offre amour et tendresse, et rencontre indifférence et sécheresse.

En septembre, elle se retire en son château d'Odos près de Tarbes, qu'elle avait fait réparer quelques années auparavant. Face à un site grandiose, elle se plaît dans cette résidence où elle trouve une solitude que ne troublent pas les souvenirs du passé.

Appelé à Paris, Henri d'Albret quitte la Navarre ; la reine sent ses forces décliner et attend l'inévitable. Elle apprend la mort du pape Paul III ; or, il se trouve qu'une comète brille au ciel à ce moment, ce qui, dans la superstition populaire est un signe divin. La reine qui s'intéresse à l'astronomie l'observe longuement tard le soir jusqu'à la nuit tombée. Soudain, le froid la saisit. Elle a brusquement un frisson et doit s'aliter. Les progrès du mal sont si rapides que les médecins en demeurent surpris. La reine envisage avec courage l'idée de sa fin prochaine et ne cesse de réconforter les siens en leur tenant des propos inspirés de l'Ecriture et de Platon. C'est un cordelier qui lui donne l'extrême-onction, ce qui peut surprendre quand on sait l'aversion qu'elle manifesta toujours pour cet ordre.

Peu après la mi-décembre, elle perdit l'usage de la voix. Elle vécut encore trois jours sans parler, mais gardant toute sa connaissance et répondant par signes aux questions de son entourage. Le 21 décembre 1549, à cinquante-sept ans, entre trois et quatre heures du matin, un samedi, jour de Saint-Thomas, elle s'éteignit au milieu des pleurs de ses familiers et de ses serviteurs, après avoir trois fois invoqué le nom de Jésus.

Le deuil fut grand en Navarre ; l'évêque de Lescar, J. de Foix, ordonna de sonner le glas dans toutes les églises de son diocèse pendant neuf jours, matin et soir, pour le repos de l'âme de la défunte. Henri d'Albret revenu en hâte, ne put que pleurer auprès de la dépouille mortelle de la reine.

Le 10 février, dans la cathédrale de Lescar, devant la noblesse béarnaise, les délégués de la bourgeoisie et du peuple et les représentants de la Cour de France, on célébra un service pour le repos de l'âme de Marguerite et les funérailles de son corps. La dépouille de la reine fut inhumée le lendemain XI février.

Peu de souveraines furent autant regrettées de leurs sujets. L'historien du Béarn, Olhagaray, s'écrie en parlant de cette mort : « Il me semble que le soleil se cache, que le jour devienne nuit, que les muses s'en aillent avec elle, que les doctes, ennuyés de vivre, défaillent par ce seul coup. »

Les pauvres sont accablés de douleur. « Combien y a-t-il de veuves, dit Sainte-Marthe, combien d'orphelins, combien d'affligés, combien de vieilles gens à qui elle donnait pension tous les ans, qui aujourd'hui, comme les brebis, mort leur pasteur, sont çà et là écartés, cherchent à qui se retirer, crient aux oreilles des gens de bien, pleurent leur misérable fortune ! »

La douleur du roi, son époux semble sincère ; il mesure à présent l'étendue de sa perte et donne à ses sujets l'impression d'être en plein désarroi. Olhagaray nous montre

181

ce pauvre prince qui « fuyait partout, mais plus avant il allait, le mal le suivait et lui faisait la guerre. »

Le roi déclare : « C'est un grand déshonneur au rang que je tiens d'épandre ces larmes féminins... Mais... mes yeux se sont débordés en fontaines et ruisseaux de larmes... Mais il faut suivre la volonté de Dieu... car c'est un mauvais soldat celui qui suit le Capitaine à regret.

Henri d'Albret se chagrine aussi pour ses sujets : « Mon deuil est plus grand pour votre perte : car elle vous aimait d'une telle affection qu'elle n'eût rien épargné pour votre bien et pour votre soulagement. » Il conclut : « J'obéirai au grand pilote, quoiqu'abîmé de l'enfer de mes angoisses... »

Nombreux furent les hommages à la mémoire de Marguerite. Charles de Sainte-Marthe prononçait dans la cathédrale d'Alençon l'éloge de l'incomparable Marguerite, très illustre Reine de Navarre. Puis il en donna une édition latine, ensuite une traduction vulgaire. Il ajoutait à l'édition latine différentes épitaphes et cinq poésies dont il était l'auteur. Le volume s'achevait sur des vers du fidèle Nicolas Denisot. Quelques jours plus tard, paraissait une traduction française de l'« Oraison funèbre », enrichie de pièces nouvelles. Le 7 avril, Sainte-Marthe offrait ce livre à Jeanne d'Albret et à Marguerite de France, fille et nièce bien-aimées de celle qui n'était plus.

Plusieurs familiers de la reine : Héroët, Frotté, Louis de Sainte-Marthe (frère de Charles), trois anonymes, l'évêque de Séez, du Val et des Mineurs avaient rivalisé pour écrire sonnets et quatrains plus flatteurs les uns que les autres.

Ce ne fut pas encore jugé suffisant. Trois jeunes Anglaises, les sœurs Seymour, Anne, Marguerite et Jane, filles du lord protecteur d'Angleterre chantèrent les vertus de Marguerite en vers latins. Leur précepteur Denisot en assura la publication ; les vers latins de ses trois élèves étaient encadrés de vers latins, grecs et français composés par l'élite des érudits du temps. Puis, les poètes, confus d'avoir différé leurs hommages, composèrent un ouvrage auquel avaient participé Ronsard, Dorat, Baïf et bien des anonymes parfois maladroits, mais d'une sincérité touchante. Quelques mois plus tard, paraissait un livre intitulé « le tombeau de Marguerite de Valois » auquel avaient été joints les distiques des sœurs Seymour.

Nous ne pouvons passer sous silence une poésie lyrique consacrée par Ronsard à la princesse de la Renaissance et dont la grâce est digne de cette femme charmante :

> Bien heureuse et chaste cendre
> Que la mort a fait descendre
> Dessous l'oubli du tombeau ;
> Tombeau qui vraiment enserre
> Tout ce qu'avait notre terre
> D'honneur, de grâce, et de beau.
> Comme les herbes fleuries
> Sont les honneurs des prairies
> Et des près les ruisselets,
> De l'orme la vigne aimée,
> Des bocages la ramée,
> Des champs les blés nouvelets ;

> Ainsi, tu fus, ô princesse,
> (Ainçois plutôt, où déesse !)
> Tu fus la perle et l'honneur
> Des princesses de notre âge,
> Soit en splendeur de lignage,
> Soit en biens, soit en bonheur.

> Il ne faut point qu'on te fasse
> Un sépulcre qui embrasse
> Mille termes en un rond,
> Pompeux d'ouvrages antiques,
> Et brave en piliers doriques
> Elevés à double front.

L'airain, le marbre et le cuivre
Font tant seulement revivre
Ceux qui meurent sans renom,
Et desquels la sépulture
Presse sous même culture
Le corps, la vie et le nom ;

Mais toi dont la renommée
Porte, d'une aile animée,
Par le monde tes valeurs,
Mieux que ces pointes superbes,
Te plaisent les douces herbes,
Les fontaines et les fleurs.

L'affectueuse gratitude de Charles de Sainte-Marthe jadis sauvé par Marguerite ne cesse de se manifester. Voici l'épitaphe plutôt originale que lui inspire son émotion :

« La maladie avait ôté la parole à Marguerite, et durant trois jours d'agonie, la Reine ne prononça pas un seul mot.

Mais à l'heure suprême, elle s'écrie trois fois : Jésus ! et puis rendit son âme au créateur souverain.

Les trois Grâces pleurèrent ; et pleurèrent les doctes Sœurs qui sont au nombre de trois fois trois. Enfin, la tierce partie de l'univers gémit et se lamenta.

Or, ce nombre trois, le plus parfait de tous, signifiait que la perfection même succombait dans la personne de Marguerite. »

On voit par tous ces témoignages quels immenses regrets laisse la disparition de Marguerite d'Angoulême, duchesse d'Alençon, duchesse de Berry, reine de Navarre, sacrée 10e Muse, quatrième Grâce, et « Perle des Valois » par l'élite des poètes du temps.

Chapitre VII

*Marguerite de Navarre écrivain passe avec aisance du sacré
au profane. Elle apporte d'intéressantes innovations dans la
littérature, en poésie comme dans son « Heptaméron », recueil
de contes d'une haute portée morale. Et elle est l'âme de la
« Querelle des femmes » où ses amis les plus chers s'engagent
avec ferveur.*

Marguerite de Navarre a laissé une œuvre poétique dont
l'importance peut surprendre si l'on songe aux activités si
multiples de la reine et à ses voyages incessants à travers la
France. C'est, une fois de plus, à Brantôme qu'il faut se
référer. « Elle composait dans sa litière en allant par pays,
car elle avait les plus grandes occupations, étant retirée »,
écrit-il. Il en parle pertinemment car l'écritoire était maintenue par sa propre grand-mère la sénéchale de Poitou.

Cette œuvre fut longtemps ignorée ou méconnue, mais la
critique contemporaine se montre beaucoup plus équitable
à ce sujet. Nous avons signalé dans les premiers chapitres le
« Dialogue en forme de vision nocturne » que la mort de sa
nièce, la petite Charlotte, inspira à Marguerite. Puis, le

185

« miroir de l'âme pécheresse » avait causé bien des tracas à son auteur qui eut besoin de toute la protection de son royal frère. Ensuite, nous avons cité des extraits d'une pièce très hardie : l'« Inquisiteur » jouée par l'entourage de la reine retirée en ses terres de Navarre. Chemin faisant, il nous a paru nécessaire de montrer la sensibilité de Marguerite lors de pénibles deuils très proches. Comme ses vers traduisent l'intensité de ses émotions en quatre circonstances : la mort de sa belle-mère respectée, Marguerite de Lorraine, celle de son premier mari, le pitoyable duc d'Alençon, la cruelle disparition de Louise de Savoie, sa mère tant vénérée, et surtout le deuil des deuils, la mort loin d'elle de son idole, son frère François Ier !

Depuis le « Miroir de l'âme pécheresse », la reine avait beaucoup écrit, sans rien publier. Mais en 1547, paraît un recueil poétique intitulé : « Les Marguerites de la Marguerite des princesses » groupant poèmes, comédies, chansons spirituelles, épîtres et pièces diverses. Il est impossible d'étudier toutes ces poésies dans ce cadre réduit ; nous en retiendrons quelques-unes qui présentent un intérêt particulier.

Le Triomphe de l'Agneau est un drame grandiose qui peint la montée triomphale du Christ vers le ciel où un trône lui est réservé près de son père. Le thème choisi par Marguerite est celui de la rédemption. Le Christ lui apparaît comme le bon génie de l'humanité venu la racheter du mal et des ténèbres, de cette LOI complice du PÉCHÉ, de cette MORT qui symbolise pour elle la barbarie et l'ignorance. Quel tableau saisissant nous présente la MORT, auxiliaire de la LOI :

« Elle tenait en sa dextre meurtrière
Un plein vaisseau de mortelle matière,
Plein jusqu'aux bords de malédictions,
De jugements et d'exécrations ! »
Cependant, si Dieu est juste, il doit briser
« Le vieil décret de la LOI trop austère. »

Le Christ, c'est-à-dire l'esprit de clémence, triomphe et défend à la MORT de tenter désormais ses élus :

Mort des humains la peste capitale
... contre toi sont conclus
Nouveaux décrets ....
Quand tu voudras appeler mes Elus,
Pour leur montrer et présenter ta face,
Je te défends que n'uses de menace...
Ne les viens point de désespoir tenter...
Je te défends par édit authentique
Que de l'Enfer une seule réplique,
Un seul souci, penser ou souvenir,
Scrupule ou peur ne leur fasse venir...
Plus ne viendras de deuil noire et blêmie,
Mais leur seras une courtoise amie,
....et comme ma portière
Leur ouvriras bénignement mon huys.

Puis, le MEDIATEUR s'interpose auprès de la puissance divine. « Avocat du commun », il intercède pour tous et promet aux RACHETÉS, considérés comme une seule personne par une fiction poétique, un avenir de clémence et de grâce...

Je suis celui qui vous vient révéler
Mon doux esprit, pour tout renouveler.

Il lui annonce les supplices divers dont elle sera assaillie, mais dont elle triomphera.

Heureuse vous, car par la vostre croix
Vaincrez les bras des primats et des Rois.

On assiste ensuite aux splendeurs du ciel qui s'ouvre pour fêter la gloire de l'Agneau. Les bienheureux vont porter partout la nouvelle du salut ; les anges et les prophètes chantent en chœur pendant que l'Agneau monte. Et tandis que le soleil et les astres s'inclinent devant lui, l'Agneau prend enfin la place qui lui est reservée.

> Il est seigneur de l'Empire triforme,
> De terre et Cieux et de l'Empire énorme.

Le poème pourrait s'achever ici. Mais Marguerite commence un chant destiné à mettre en opposition la fragilité humaine et la permanence divine. Elle développe la succession des Empires en un tableau grandiose. Après avoir énuméré les gloires de Babylone, des Perses, d'Alexandre, elle s'attarde sur la puissance de Rome, puis évoque la chute de cette superbe ville :

> Ainsi le nom et l'Empire Romain
> Jadis fondé par tant de sang humain,
> Après avoir le monde combattu,
> Fut à la fin de sa force abattu.

Le Médiateur intervient encore pour adresser au Père une prière d'indulgence. Miséricorde pour les hommes !

> Souvienne toi qu'ils sont nés imparfaits
> Et que de chair fragile tous sont faits.

Ce poème touche à l'épopée par sa description des vicissitudes des Empires, thème qui sera développé par Bossuet dans son « Discours sur l'histoire universelle. » Et dans cette œuvre lyrique l'âme mystique de la reine de Navarre se révèle par la tendresse et la douceur des propos qu'elle prête à l'Agneau.

Nous retiendrons du recueil : « Les Marguerites de la Marguerite des princesses » un délicieux poème, d'une fantaisie délicate : « La Coche » ou le débat d'amour. Nous trouvons ici une discussion sur des questions amoureuses, qui évoque les entretiens des devisants qui figurent dans les nouvelles dont l'ensemble constitue l'Heptaméron.

Trois dames se plaignent amèrement de leur sort, chacune se prétendant la plus infortunée des trois. La première souffre car elle n'a plus confiance en son amant. Bien qu'il feigne de lui être fidèle, elle sent qu'il se détache d'elle. Sa douleur est accrue par le fait qu'un autre homme l'aime, mais ce qui pourrait être consolation devient surcroît d'affliction pour son âme délicate, car il était jadis le serviteur (soupirant) de la seconde dame.

Celle-ci, délaissée par son ami est trop tendre pour le maudire mais elle pleure à la fois son déplaisir et celui de la première dame.

Quant à la troisième dame, quelles sont ses doléances ? On l'aime, mais il lui est impossible de jouir seule d'une félicité amoureuse, elle veut partager le malheur des deux autres ; alors, elle quittera son ami. Et pourtant, elle est sûre qu'il va mourir de chagrin.

Tandis que la reine de Navarre se promenait à travers champs, elle avait croisé ces dames en pleurs, et, prise de compassion, elle s'intéressa vivement à leur débat.

Mais la pluie interrompt leur entretien. Alors, elles montent dans la Coche de Marguerite, et la conversation se poursuit derrière les mantelets du carrosse. Chacune des trois amies se prétend la plus infortunée du groupe, et reste sur sa position de victime privilégiée. La reine, embarrassée, avoue ne pouvoir se prononcer, et suggère de désigner un arbitre. La première dame propose le roi dont elle trace un portrait ébloui :

> C'est lui que ciel et terre et mer contemple...
> La terre a joie, le voyant revestu
> D'une beauté qui n'a point de semblable.
> La mer, devant son pouvoir redoutable,
> Douce se rend, connaissant sa bonté.
> Le ciel s'abaisse, et, par amour dompté,
> Vient admirer et voir le personnage
> Dont on lui a tant de vertus conté.
> C'est lui qui a grâce et parler de maître,
> Digne d'avoir sur tous droit et puissance,
> Qui, sans nommer, se peut assez connaître.

C'est lui qui a de tout la connaissance...
De sa beauté il est blanc et vermeil,
Les cheveux bruns, de grands et belle taille.
En terre, il est comme au ciel le soleil.
Hardi, vaillant, sage et preux en bataille,
Il est bénin, doux, humble en sa grandeur.
Fort et puissant, et plein de patience,
Soit en prison, en tristesse et malheur...
Il a de Dieu la parfaite science...
Bref, lui tout seul est digne d'être roi.

Marguerite pense que le roi a bien d'autres soucis et propose l'arbitrage de la duchesse d'Etampes. On se sépare, et la reine, sa narration terminée, résume son poème et l'offre à la favorite qui devra trancher le débat.

La reine rend ce poème vivant car elle se met en scène, rappelle des souvenirs personnels, s'arrête pour entretenir un paysan, heureuse de ce contact avec des gens simples.

L'intérêt réside surtout dans les analyses psychologiques par lesquelles elle trace la voie à la tragédie classique. Et si les deux premières dames, au lieu de rechercher la palme du martyre d'amour décidaient de s'affronter, ne pourrait-on voir en elles Hermione et Andromaque ? Et en introduisant dans la poèsie ses théories platoniciennes de l'amour, Marguerite a préparé la voie à la Pléiade.

Tout à la fin du siècle dernier, Abel Lefranc découvrit un manuscrit de Marguerite qui avait échappé aux chercheurs, et présente un intérêt des plus vifs. Il le publia aussitôt, ravi de présenter au public des œuvres qui constituent en quelque sorte le testament littéraire de la reine de Navarre. Cet ouvrage comporte des épîtres, deux comédies, quelques courtes poésies, et deux longs poèmes : « Le Navire » et « Les Prisons ».

Après la mort de son frère, Marguerite a tenté de dire sa douleur et de raisonner son deuil dans un poème d'une grande ampleur qui tire son titre du premier vers :

> Navire loin du vrai port assablée,
> Feuille agitée de l'impétueux vent,
> Avec qui es de douleur accablée,
> Tire-toi hors de ce corps non savant.

Comme après la mort de Charlotte, elle imagine que son frère lui apparaît en songe. Connaissant sa douleur, il vient la consoler et lui donner des raisons d'espérer. Elle exhale sa douleur, évoque avec regret le souvenir de cinquante ans d'affection fraternelle, mais pense aussi qu'elle doit se résigner aux décrets de la Providence. Au cours de ce dialogue, le roi oppose les misères de la terre au bonheur céleste. Même s'il goûte une félicité totale, elle pleure sa perte et les maux qui en découleront pour la France. En de bien belles pages elle rappelle à Henri II les dernières recommandations de son père. Cette pensée la reporte à ce fatal instant et elle regrette de n'avoir eu « sa part de cet adieu tant doux ». Mais l'aube approche ; avant de disparaître, le roi lui recommande de se perdre dans la contemplation de Dieu :

> « Du vrai amour de Dieu, tu sois pleine
> Et lui en toi te sera vie et guide. »

Le jour se lève, l'image du roi s'efface dans « la nue blanche ainsi que neige fine. » Après un dernier adieu, il laisse sa sœur enfin convaincue, et pleine d'admiration devant le soleil qui lui semble le symbole de Dieu. Elle adresse une prière vibrante d'espérance à « Dieu tout en tout, un seul en Trinité. »

Et le poème s'achève ainsi :

> O père humain, qui as le soin des tiens,
> Qui as reçu mon frère dans tes portes,
> En lui faisant posséder tes grands biens.
> Et viens ça bas, en ces ténèbres fortes,
> Chercher sa sœur, la serve fugitive
> De ta brebis (malade) pis que morte
> Que de son deuil encore reconforte.

Ce poème est admirable par la vérité et l'intensité des sentiments exprimés. Il apporte également des renseignements précieux sur le lien affectueux qui unissait le frère et la sœur. Il ne demeure rien des dissentiments qui les ont séparés les dernières années. Toutes les amertumes sont effacées par ce deuil insupportable. Il lui semble avoir été victime d'une immense injustice : première-née, ne devait-elle pas partir avant son cadet ? Elle avait maintes fois exprimé cette pensée quelque peu naïve.

Mais l'œuvre maîtresse de Marguerite est « Les Prisons », véritable autobiographie riche de renseignements sur elle-même qui, par délicatesse, emploie une fiction, sous la forme d'une confession adressée par un gentilhomme à une dame jadis aimée. Il analyse son évolution intellectuelle, morale et religieuse depuis l'époque où son amour le tenait prisonnier de sa dame. Il adorait sa prison, mais l'infidèlité de son amie l'a tiré de son aveuglement.

Il a désormais la révélation du monde, voyage, admire la beauté des villes, des œuvres d'art, est sensible au sentiment de la nature et admire la puissance céleste qui sait enchaîner tous ces éléments. Il arrive à la Cour, et découvre que chacun intrigue et veut réussir non « par vertu et savoir » mais par « finesse et cautelle ». A son tour, il lutte pour devenir favori du roi ; alors, il se met à l'étude, pensant obtenir ainsi l'oreille du prince. Il lit avidement les moralistes, les historiens, et découvre l'Evangile. Il se sent d'abord heureux par les livres, puis l'orgueil de sa science l'aveugle. Mais un mot de Jésus l'éclaire. C'est aux petits, aux humbles et non aux savants que Dieu a découvert ses trésors. Il entend enfin la voix de Dieu et se risque à définir ce Dieu souverain « fin de et commencement » à l'aide d'une définition mathématique. Et Marguerite, par la voix du gentilhomme, utilise la formule célèbre de la sphère ou du cercle infini « dont le centre est partout, la circonférence nulle part. »

C'est la première fois qu'on rencontre au XVI e siècle cette définition qui sera reprise peu après par Rabelais et immortalisée au siècle suivant par Pascal. Marguerite n'a pas inventé cette formule qui se trouvait dans les écrits de deux Italiens du XIVe siècle, Nicolas de Cuse, cardinal, et l'humaniste Marsile Ficin, épris des idées de Platon. Par ce contact, se produit une fusion entre les opinions philosophiques et religieuses chez la reine comme chez les premiers évangélistes qui étaient acquis à la Réforme ainsi qu'à la Renaissance avant l'intransigeant Calvin.

Et maintenant, Marguerite voit Dieu partout, car par la grâce, elle atteint le salut. L'homme-Rien atteint Dieu-Tout par cette voie. Puis, le poème est interrompu par le récit que nous connaissons des quatre morts si édifiantes car

« La foi vive rend au cœur la mort belle. »

Délivré de tout lien charnel, lavé de tout péché, le croyant se perd en Dieu :

« Et en ce Tout, ô rien, tu es parfait...
Où l'esprit est divin et véhément,
La liberté y est parfaitement. »

Le poème s'achève brusquement sans qu'il soit plus question de l'Ami ou de l'Amye. C'est Marguerite qui se livre elle-même. Quelle foi ! De telles œuvres permettent de la classer parmi les grands poètes religieux. Dans sa thèse sur « Marguerite d'Angoulême, duchesse d'Alençon, reine de Navarre », Pierre Jourda la rapproche de Pascal, Bossuet, voire Milton, l'auteur du Paradis perdu. Il est conduit à se demander si, toutes proportions gardées, on ne pourrait « rapprocher les Prisons du Faust de Gœthe, les deux poèmes traitant tous deux de la recherche de l'absolu. »

Et il conclut ainsi : « Les « Prisons » sont, par l'étendue, la richesse et la portée une œuvre maîtresse, celle où à la veille de mourir, elle a mis tout son cœur et toute sa foi. C'est le plus ample, le plus vivant, le plus sincère des poèmes du XVIe siècle... »

Nous ne pouvons que citer la Comédie sur le trépas du roi, où Amarissime (La reine) traîne un long deuil. Les bergers Securus et Agapy s'efforcent vainement de la consoler ; alors, apparaît le Consolateur céleste, Paraclesis, envoyé par le grand Pasteur. Il fait luire la perspective des joies élyséennes et les pénètre tous d'une liesse divine puisque Pan (le roi) est vivant, non mort ».

Il faut dire que cette tendresse idolâtre de Marguerite pour son frère a parfois donné lieu à des suppositions injurieuses. Génin, qui, vers le milieu du siècle dernier, publia les Lettres de la reine de Navarre, se fit l'interprète de ces allégations. L'accusation d'inceste fut reprise avec feu par Michelet qui en rejeta le blâme sur le seul François Ier qu'il détestait fortement. Ces auteurs ne firent pas école, heureusement. Mais, dans un ouvrage tout récent de Pierre Gascar : « Les secrets de Maître Bernard », Bernard Palissy et son temps, ouvrage des plus attachants, l'auteur fait allusion à cette accusation. Il ne prend pas position dans le débat. Peut-être, écrit-il, ne s'est-il agi que d'excès de plume d'une Marguerite très exaltée.

Mais le doute subsiste en lui, si bien que, parlant de la thèse des relations incestueuses entre le frère et la sœur, il ajoute : « Auraient-elles été réelles qu'il n'y aurait pas d'ailleurs à en être surpris. Se considérant comme de nature divine, formant un groupe très peu nombreux de demi-dieux, les gens de sang royal, seuls de leur espèce, comme l'étaient les premiers descendants d'Adam et d'Eve, sont implicitement autorisés à s'accoupler entre eux. L'inceste, estiment-ils, ne peut pas être coupable, quand, en dehors de ce recours, tous les rapports charnels ne sont que des mésalliances et vous condamnent à déchoir ».

Ne peut-on admettre tout simplement que Marguerite

apporte dans sa tendresse pour son frère la même dévotieuse passion que dans son amour pour Dieu ? Elle a écrit dans son « Heptaméron » : « Jamais homme n'aimera parfaitement Dieu qu'il n'ait parfaitement aimé quelque créature en ce monde ». Telle est la pensée profonde et sans équivoque de cette femme d'une nature très aimante dont il convient de respecter les sentiments.

Après cette mise au point quelque peu déplaisante, revenons à la reine écrivain. Dans le cadre réduit de cette étude, il a été impossible de traiter toute son œuvre poétique, mais malgré son insuffisance, cet aperçu a permis d'apprécier tout ce que lui doit la littérature. Il faut savoir que la première moitié du XVIᵉ siècle ne compte qu'un poète de renom, son protégé, Clément Marot. C'est encore le temps des « rhétoriqueurs » dont le seul souci est de multiplier les difficultés de la rime. Voici quelques exemples qui montrent que leurs vers ne sont qu'acrobaties :

Ici, je n'oy (entends) point le bruit des tombereaux,
Je n'oy que vents souffler et tomber eaux. »

Comme on le voit, un mot entier offre avec le même son un sens différent (rime équivoquée).

Ou encore, le même procédé est redoublé (rime fratrisée) :
« Ami, je suis ainsi confus qu'onc (jamais) fus
Voir tant errer étiques hérétiques ».

Les principaux versificateurs du temps sont : Jean Molinet, Guillaume Crétin, Jean Bouchet, Jean Marot le père de Clément Marot, Jean Lemaire de Belges. Ce dernier, au service de Marguerite d'Autriche, a écrit, entre autres poèmes, « l'amant vert » dont nous avons parlé au début de cet ouvrage. Il se dégage vite de ses maîtres les rhétoriqueurs, et les poètes de la pléiade le salueront comme un précurseur.

Même si, de nos jours, les rhétoriqueurs sont mieux appréciés pour leurs qualités « d'excellents techniciens et réformateurs du vers », il faut attendre Marguerite de Navarre pour voir l'éveil de la poèsie personnelle. Insouciante de l'esthétique, elle néglige parfois la forme qui demeure inférieure à l'idée, mais ses élans de passion la rendent émouvante.

L'œuvre la plus célèbre de Marguerite est un recueil de nouvelles connu sous le nom d'Heptaméron qui la classe parmi les prosateurs les plus originaux de son siècle. Cet ouvrage fut publié neuf ans après la mort de la reine par un de ses secrétaires, Pierre Boaistuau sous le titre : « Histoires des amants fortunés ». Ce texte ne suivait pas de près les contes de Marguerite. L'année suivante, Claude Gruget, autre secrétaire, publia une version différente plus exacte que la précédente. Il l'intitula l'Heptaméron car elle comprend soixante-douze nouvelles, racontées en sept jours complets, le huitième jour ne comportant que deux contes. Car l'ouvrage, interrompu par la mort de la reine, resta inachevé.

C'est le paysage pyrénéen qui sert de décor au livre. Des dames et des gentilshommes se trouvent en septembre à Cauterets ; les uns y sont venus pour boire de l'eau, les autres pour s'y baigner, ou prendre de la fange « qui sont choses si merveilleuses que les malades abandonnés des médecins s'en retournent tous guéris ! » Au retour, surpris par une grave inondation qui emporte les ponts du gave béarnais, ils se réfugient dans la montagne ; les uns sont attaqués par des ours, d'autres sont aux prises avec des brigands ; la plupart de leurs serviteurs se noient en voulant franchir une rivière. Les survivants : cinq hommes et cinq femmes finissent par se retrouver à Notre-Dame-de-Serrance où les moines leur offrent l'hospitalité. Mais ils ne peuvent repartir : le gave d'Oloron en crue a emporté les ponts, et il faut attendre au moins dix jours pour que soit reconstruit un nouveau pont.

Comment tromper l'ennui de cette longue attente ? L'une des dames, Parlamente propose que chaque après-midi, chacun conte une histoire « qu'il aura vue ou bien ouï dire à quelque homme digne de foi ». Cette idée est accueillie avec joie par la compagnie, même par Longarine, qui vient de perdre son mari, mais souhaite se distraire, par crainte de devenir « fâcheuse, qui est une maladie incurable ».

Les dix personnes ainsi rassemblées ne sont pas des êtres fictifs. La doyenne, veuve très sage appelée Oisille est Louise de Savoie, mère de Marguerite. Celle-ci se reconnaît en Parlamente et son mari Henri d'Albret est Hircan. (anagramme d'Hanric).Ennasuicte et son mari Simontault sont Anne de Vivonne et François de Bourdeille, mère et père de Brantôme, tous deux de la maison de la reine. Autre ménage : Saffredent et sa femme. Ils sont Mr. et Mme de Montpezat, très liés avec la reine qui leur rend de fréquentes visites. Le délicat Dagoucin ne peut être que Nicolas Dangu, fils naturel du cardinal Duprat, évêque de Séez, nommé par la suite à l'évêché de Mende. Et on a identifié en Géburon Mr. de Burye, lieutenant général en Guyenne, lui aussi familier de la reine, ainsi qu'en Longarine la baillive de Caen, Mme de Silly, gouvernante de Jeanne d'Albret. Donc tous ces gens sont des parents et des familiers de la reine de Navarre. Elle connaît à fond leurs idées, et elle se plaît à les voir commenter les mêmes faits selon leurs dispositions particulières.

Marguerite voulait relater des histoires vraies. De fait, un grand nombre de ses récits ont un caractère indiscutable d'exactitude. Trois nouvelles se rapportent à des épisodes relatifs à la vie intime de François Ier ; le quatrième récit met en cause Marguerite elle-même aux prises avec un galant trop hardi.

Précisons quelques points concernant le roi. La nouvelle 25 intitulée : « Subtil moyen dont usait un grand prince pour jouir de la femme d'un avocat de Paris » débute comme une énigme. Il est question d'un avocat de Paris « plus estimé que neuf hommes de son état. » Estimé ou non, le pauvre avocat était berné par un prince, « le plus beau et de la meilleure grâce du royaume ».

Or, la lecture du BOURGEOIS de PARIS nous éclaire sur ce mystère. Un certain prêtre nommé Cruche avait joué publiquement place Maubert une farce au cours de laquelle « Il présentait une lanterne dans laquelle on voyait, entre autres choses, une poule qui se nourrissait sous une salamandre ». – Nul n'ignorait que la salamandre était l'emblème de François Ier. – « Et ladite poule portait sur elle autre chose qui était assez pour faire mourir dix hommes. Ce qui était à interpréter que le roi aimait et jouissait d'une femme qui était fille d'un conseiller à la cour de Parlement nommé Le Coq. La icelle était mariée à un avocat en parlement, très habile homme, nommé Jacques Dishomme ».

Informé du fait, le roi entra en fureur et chargea plusieurs de ses gentilshommes de châtier l'insolent. Alors, huit ou dix d'entre eux s'en vinrent souper rue de la Juiverie dans une taverne d'où ils mandèrent messire Cruche sous couleur de connaître sa farce. En fait de farce, « Icelui fut dépouillé en chemise, battu de sangles merveilleusement et mis en grande misère ». De plus, on voulait l'introduire dans un sac et le balancer par la fenêtre, ce qui eût été fait si le pauvre homme n'avait hurlé de toutes ses forces et imploré sa grâce en invoquant l'état ecclésiastique dont témoignait sa tonsure.

La nouvelle 42 porte sur une aventure amoureuse, plutôt une amourette de jeunesse d'un seigneur de grande et bonne maison. Tous les devisants qui entouraient Parlamente savaient qu'il s'agissait de François Ier. Ici, il paraît à son honneur. Une jeune fille de modeste condition refuse ses avances bien qu'elle en soit éprise et lui tient un langage si noble qu'il renonce à ses projets, favorise son mariage avec un serviteur qu'il estime, et « lui fait beaucoup de bien ».

Véridique encore la nouvelle 17 qui montre ce même roi pardonner au comte Guillaume qui « le voulait faire mourir ». Il s'agit du comte de Furstemberg qui après avoir servi François Ier quelques années s'était retourné contre lui.

Quant à la nouvelle 4, elle met en scène Marguerite et sa belle défense contre Bonnivet, relatée au début de notre étude. Parlamente montre son soupirant « regardant son visage tout sanglant d'égratignures et morsures qu'elle lui avait faites » Et elle l'imagine passant la nuit « en tels pleurs, regrets et douleurs, qui ne se peuvent raconter ».

Nous transportant en Italie, la nouvelle 51 : « Perfidie et cruauté d'un Italien » rapporte que le duc d'Urbin irrité de voir son fils s'éprendre d'une jeune fille qui n'était pas de son rang, lui fit quitter par traîtrise le monastère où elle s'était retirée et la fit pendre malgré les supplications de la duchesse. La reine de Navarre ne nous trompe pas en disant que « la mémoire en est si fraîche qu'à peine en sont essuyés les yeux de ceux qui ont vu ce piteux spectacle. »

C'est l'assassinat d'Alexandre de Médicis par Lorenzaccio que nous présente la nouvelle 12.

Evidemment, certains récits se trouvent déjà dans d'autres recueils, et les histoires de moines en particulier semblent provenir de la tradition populaire. Il n'en reste pas moins que, pris dans son ensemble, l'HEPTAMERON repose sur un fond plus réel qu'il n'est d'usage dans les contes.

Une autre caractéristique de cet ouvrage est que son intérêt ne se porte plus uniquement sur les ridicules des hommes. On rencontre bien encore des époux libertins, des épouses volages, mais des sentiments généreux se font jour. Une religieuse supporte de longues persécutions plutôt que de céder à son confesseur (nouvelle 22). Deux amants qui ne peuvent s'épouser se séparent et renoncent au monde (nouvelle 19). Ou encore, une dame, passionnément éprise d'un cavalier, trop délicate pour manquer à ses devoirs, se laisse mourir de chagrin. Par là, le sentiment pénétre dans le conte ; cette nouveauté est remarquable car elle remet en valeur un des principes essentiels de l'activité humaine.

Mais le plus grand intérêt de l'HEPTAMERON réside dans les commentaires qui suivent les contes et en constituent la partie la plus originale. Les discussions des devisants, acides ou enjouées, malicieuses parfois, généralement sincères, portent tout naturellement sur l'amour dans le mariage et hors de lui. Et l'on voit s'affronter les idées et les tempéraments. Les gentilshommes, sauf Dagoucin « si sage que pour mourir ne dirait une folie » jugent de l'amour avec verdeur. Le plus cynique est Hircan qui avoue n'avoir jamais aimé femme, hormis la sienne, à qui il ne désirât faire offenser Dieu bien lourdement. Ailleurs, il blâme le seigneur des Flandres (Bonnivet) d'avoir renoncé à son galant assaut envers la dame de ses pensées, mais sait-il que la dame qui fit une si belle défense est sa propre épouse ? Et quand Nomerfide lui demande : Et qu'eût fait le pauvre gentilhomme, vu qu'il avait deux femmes contre lui (la belle et sa suivante) ? – il devait tuer la vieille, répond-il sans sourciller ; et quand la jeune se fût vue seule, elle eût été à demi vaincue ». Comme Nomerfide se récrie, il précise : « Si j'étais jusque-là, je me tiendrais pour déshonoré si je ne venais à la fin de mon intention. »

La nouvelle 19 voit Parlamente exposer sa définition de l'amour platonique en réponse à la question de Saffredent : « – Qu'appelez-vous parfaitement aimer ? estimez-vous parfaits amants ceux qui sont transis et qui adorent les dames de loin, sans oser montrer leur volonté ? – J'appelle parfaits amants ceux qui cherchent, en ce qu'ils aiment quelque perfection, soit bonté, beauté, ou bonne grâce, toujours tendant à la vertu, et qui ont le cœur si haut et si honnête qu'ils ne veulent, pour mourir, mettre leur fin aux choses basses que l'honneur et la conscience réprouvent ; car l'âme, qui n'est créée que pour retourner à son souverain bien, ne fait, tant qu'elle est dans ce corps que désirer d'y parvenir... »

Cette profession de foi est illustrée dans : « La parfaite amie » d'Héroët qui a donné une impulsion nouvelle à la Querelle des femmes que nous aborderons bientôt.

L'aimable Dagoucin est tout acquis à cette cause. Comme sa réserve semble excessive, on pense qu'il n'a jamais aimé. Il proteste : « J'ai aimé, et j'aimerai tant que je vivrai. Mais, j'ai si grand peur que la démonstration fasse tort à la perfection de mon amour, que je crois que celle à qui je devrais dédier l'amitié semblable l'entende ; et même je n'ose penser ma pensée, de peur que mes yeux en révèlent quelque chose ».

La nouvelle 44 : « De deux amants qui ont subtilement joui de leurs amours, et de l'heureuse issue d'icelles », permet de discuter une question éternellement débattue mais d'une acuité particulière chez ces devisants de haute naissance habitués à subir des unions imposées par les familles : mariage d'inclination ou mariage de convenance ? Saffredent plaide la cause de l'amour :

Est-il meilleur mariage que celui-là qui se fait ainsi d'amourettes ? C'est pourquoi on dit en proverbe que les mariages se font au ciel, mais cela ne s'entend pas de mariages forcés ni qui se font à prix d'argent, et qui sont tenus pour bien approuvés depuis que le père et la mère y ont donné consentement.

– Vous en direz ce que vous voudrez, répliqua Oisille, si faut-il que nous reconnaissions l'obéissance paternelle, et, par défaut d'icelle, avoir recours aux autres parents. Autrement, s'il était permis à tous et à toutes de se marier à volonté, quands (combien de) mariages cornus trouverait-on ! Est-il à présupposer qu'un jeune homme et une fille de douze à quinze ans, sachent ce qui leur est propre ?... « Et elle affirme avec conviction que les mariages d'amour ont une fâcheuse issue aussi souvent que les autres.

Puis on juge l'attitude des jeunes gens du conte. La jeune Françoise et son ami Jacques deviennent amants à l'insu du père de Françoise riche mais avaricieux et peu pressé de « démoisir ses écus » en établissant sa fille. Les deux mères abusées, favorisent innocemment cette intrigue. Enfin, tout est bien qui finit bien.

Hircan approuve Françoise : « Elle aimait, elle était estimée, elle trouvait son bien prêt et se pouvait souvenir du proverbe, que tel refuse qui après muse... »

Longarine trouve que Jacques s'est conduit en homme de bien par ce mariage qui répare sa faute de « rapt pour le regard de la fille, et de subordination à l'endroit de la mère. »

Protestation judicieuse de Dagoucin :
– « Et point, point, il n'y a rapt ni subordination ; tout s'est fait de pur consentement, tant du côté des deux mères, pour ne l'avoir empêché bien qu'elles aient été déçues, que du côté de sa fille, qui s'en est bien trouvée ; aussi ne s'en est-elle jamais plainte.
– Tout cela ne procède, dit Parlamente, que de la grande bonté et simplicité de la marchande qui, sous titre de bonne foi, mena, sans y penser, sa fille à la boucherie ».

Pourquoi Parlamente ne dit-elle pas si elle approuve la position de la sage Oisille ou fait des réserves sur son opinion ? Est-ce par délicatesse ? Toute la petite compagnie savait que Parlamente c'est-à-dire Marguerite n'avait trouvé aucune satisfaction dans son premier mariage imposé par Louis XII alors qu'elle était âgée de dix-sept ans. Mais jamais elle n'avait laissé échapper la moindre plainte. Et l'on sait à quel point elle fut indulgente au « fuyard de Pavie (son premier mari, le Duc d'Alençon) qu'elle assista en ses derniers moments avec un entier dévouement.

Et nul n'ignorait comment à l'âge de trente-cinq ans, elle s'était passionnément éprise du jeune Henri d'Albret, d'une dizaine d'années son cadet. Après une brève période heureuse, les désillusions étaient venues. Le roi de Navarre s'était révélé volage, brutal, voire cynique. Que d'humiliations et de chagrins dévorés en silence ! Mais elle avait beau se taire, la mésentente des deux époux n'échappait à personne. S'il faut en croire la chronique scandaleuse, un jour, Henri aurait pénétré dans sa chambre alors qu'elle écoutait un prêche et se serait emporté au point de la souffleter en lui disant : « Madame, vous en voulez trop savoir ». On imagine la fureur de François Ier quand il apprit l'affront – oh ! pas par elle, bien sûr –. Il menaça son beau-frère d'un châtiment exemplaire en cas de récidive.

Parlamente-Marguerite pouvait revivre aussi par la pensée les pépipéties du mariage de Jeanne d'Albret avec le duc de Clèves qui lui était odieux.

Voilà certainement pourquoi elle s'abstint de participer à ce grand débat, et c'est bien dommage.

Par contre, quand sa vie intime n'est pas en jeu, elle livre ses sentiments en toute franchise. Son aversion pour les moines se manifeste à maintes reprises. La nouvelle 48 mérite de retenir notre attention : « Deux cordeliers, une première nuit de noces, prirent, l'un après l'autre, place de l'époux, dont ils furent bien châtiés ».

Le mari, découvrant leur forfait, « se prit à crier à l'aide, si fort, qu'il assembla tous ses amis, lesquels, après avoir entendu le fait, lui aidèrent avec chandelles, lanternes et tous les chiens du village, à chercher les cordeliers ; et, quand ils ne les trouvèrent point dans les maisons, firent si bonne diligence, qu'ils les attrapèrent dans les vignes, et là furent traités comme il leur appartenait ; car, après les avoir bien battus, ils leur coupèrent les bras et les jambes, et les laissèrent dans les vignes en la garde du Dieu Bacchus et de

Vénus, dont ils étaient meilleurs disciples que de Saint-François. »

Les histoires de cordeliers sont si nombreuses qu'elles indisposent Oisille qui s'écrie : « Mon Dieu, ne serons-nous jamais hors des contes de ces moines ? »

Aucun des devisants ne juge à propos de protester ou d'atténuer le jugement catégorique porté sur l'ensemble des moines : « Il me semble qu'ils ne doivent tourner à déplaisir de ce qu'on daigne porter d'eux ; car la plupart sont si inutiles que, s'ils ne faisaient quelque mal digne de mémoire, on n'en parlerait jamais. »

Pas une voix ne s'élève pour trouver bien cruel le châtiment qui les frappe : est-il chrétien de les abandonner, bras et jambes coupés dans une vigne !

Il ne faut pas croire que les attaques contre les vices de bien des gens d'Eglise altèrent l'ardeur de la foi des devisants. Ainsi ce conte s'achève sur « la misère où sont sujettes les créatures et l'espoir en celui seul qui est parfait, et sans lequel tout homme n'est qu'imperfection ».

Dame Oisille déclare que la recette qui la tient saine et joyeuse sur sa vieillesse est la lecture assidue des Saintes Ecritures dont elle tire tant de joie qu'ensuite elle prend son Psautier « Et le plus humainement qu'il m'est possible chante de cœur et prononce de bouche les beaux psaumes et cantiques que le Saint-Esprit a composés au cœur de David et des autres auteurs. » Et, sur proposition d'Hircan, il est entendu que chaque matin, elle lira à la compagnie avant d'ouïr la messe, « la vie que menait Notre-Seigneur Jésus-Christ, et les grandes et admirables œuvres qu'il a faites pour nous ».

C'est ainsi que débutera chacune des journées écoulées à Notre-Dame de Serrance.

Nous retrouvons la même préoccupation religieuse dans la nouvelle 67 qui nous montre une femme de grand cœur. Son mari criminel est condamné à la déportation en une petite île où n'habitaient que des bêtes sauvages. Elle obtient la permission de l'accompagner et « porte pour sauvegarde, nourriture et consolation, le NOUVEAU TESTAMENT ». Son mari vient à disparaître ; elle demeure seule, passant son temps en lectures, contemplations, prières et oraisons. La protection de Dieu s'étend sur elle, et un navire de retour en cette terre inhospitalière la ramène en son pays.

Lors du commentaire, Saffredent prétend que Saint Paul dit : « Qu'Apollon a planté, et qu'il a arrosé, mais il ne parle point que les femmes aient mis les mains à l'ouvrage de Dieu ». Marguerite lui réplique : « Vous voudriez suivre l'opinion des mauvais hommes qui prennent un passage de l'Ecriture pour eux et laissent celui qui leur est contraire. Si vous aviez lu Saint Paul jusqu'au bout, vous trouveriez qu'il se recommande aux dames qui ont beaucoup labouré avec lui en Evangile. »

Il y a là un trait à noter. Marguerite ne néglige aucune occasion de défendre les femmes contre les accusations injustes dont elles sont trop souvent l'objet de la part des hommes. Elle a une très haute idée de la dignité de son sexe qu'elle juge égal à l'autre devant Dieu.

L'Heptaméron est donc loin d'être un simple recueil de contes légers destinés à divertir le lecteur. Montaigne en jugeait sainement, le délarant « un gentil livre pour son étoffe ».

Nous avons vu ce que cet ouvrage apportait de neuf : réalisme, sentiment, sérieux. Notons aussi l'analyse psychologique qui annonce déjà « La princesse de Clèves » de Madame de la Fayette.

Marguerite nous a légué un document de tout premier ordre sur l'art de la conversation vers le milieu du XVIᵉ siècle en

même temps qu'un des premiers essais de notre littérature
concernant les rapports entre les sexes. Il n'y a peut-être pas
avant la « Nouvelle Héloïse » d'ouvrage romanesque où
l'auteur se soit aussi fortement engagé, révélant en toute
sincérité ses conceptions morales et religieuses.

La Fontaine tirera un de ses contes de la nouvelle 45 : « Un
mari baillant les innocents à sa chambrière, trompait la
simplicité de sa femme ». Pour comprendre ce titre, il faut
savoir qu'à la fête des saints Innocents, les jeunes gens qui
parvenaient à surprendre les femmes au lit, pouvaient leur
donner le fouet avec la main. Ce mari batifolait dans la neige
quand une voisine qui regardait dans le jardin, s'en aperçut.
Voyant cette vilenie, elle fut si courroucée qu'elle décida de
le dénoncer à son épouse. Mais l'époux la vit soudain à sa
fenêtre, et son esprit subtil lui suggéra une parade. Il pria
sa femme de l'accompagner dans le jardin et se livra avec
elle au même divertissement qu'avec la servante si bien que,
lorsque la commère vint faire son rapport à sa voisine, celle-ci
l'interrompit, disant : « c'était moi ».
La Fontaine intitule son conte en vers : « La servante
justifiée » et explique ainsi son emprunt :
  Boccace n'est le seul qui me fournit ;
  Je vas parfois en une autre boutique.
  . . . .
  Pour cette fois, la Reine de Navarre
  D'un : C'ETAIT MOI, naïf autant que rare,
  Entretiendra dans ces vers le lecteur.
Et, au siècle dernier, Théophile Gautier qui se plaisait à
rechercher dans le passé des livres injustement dédaignés
relisait avec plaisir l'œuvre de la bonne reine dont il goûtait
  « L'originalité, la puissance comique
  Qu'on trouve en ces bouquins à couverture antique ».

Nous allons aborder la fameuse « *querelle des femmes* » qui, au temps de Marguerite va mobiliser la plupart des écrivains. La question n'est pas nouvelle. Au Moyen Age, les fabliaux raillent la coquetterie, les ruses et la malice des femmes. Toutefois, ils ne sont que « mots pour la gent faire rire » et ils ne marquent pas une véritable hostilité contre elles. Même, si certaines usent d'un stratagème bien subtil, le poète admire « le tour beau et gracieux ».

Mais à côté, se développe une littérature de combat. L'exemple du « Roman de la Rose » est significatif. A la première partie, écrite par Guillaume de Lorris, illustration de la doctrine courtoise si favorable aux dames, s'oppose la seconde partie, où Jean Chopinet (ou Chopinel), dit Jean de Meung, prend le contre-pied de son prédécesseur.

Plus tard, du même esprit hostile, procèdent les « Lamentations de Mathieu », traduites du latin par Jehan le Fèvre. Et Eustache Deschamps, haut personnage de la Cour de Charles VI, écrit le « Miroir de mariage », interminable satire contre le sexe féminin.

Mais Christine de Pisan s'indigne contre cette injustice, et comme Gautier Col, secrétaire du roi, la réprimande, elle lui répond : « O clerc subtil, veuille te souvenir qu'une petite pointe de coutelet peut percer un grand sac plein et enflé de matérielles choses. » Désormais, elle part en guerre pour réhabiliter ses compagnes, et réclame en particulier pour elles le droit à l'instruction. « Si la coutume était de mettre les petites filles à l'école, elles entendraient aussi les subtilités de tous les arts et sciences. »

Et dans son « trésor de la cité des Dames » citant toutes les femmes illustres de l'Antiquité, elle s'écrie : « Or se taisent tous les jongleurs (menteurs) qui ont mensongèrement parlé d'elles ! »

Quelques années plus tard, Martin Le Franc, prévôt de Lausanne, compose son « Champion des Dames » sous forme d'une controverse entre le défenseur et l'adversaire des femmes. Cet ouvrage est riche de renseignements sur l'histoire des mœurs au Moyen Age, mais malgré son importance (24 000 vers), il ne clôt pas le débat.

Dans le camp adverse paraît « Les quinze joies de mariage » recueil de nouvelles attribué faussement à Antoine de la Salle, et dont l'auteur s'emploie à démontrer que l'union conjugale est le plus sûr moyen qu'aient inventé les hommes pour faire pénitence sur cette terre, « souffrir affliction et mater la chair, afin d'avoir Paradis. « Le prologue nous avertit que « Selon tout bon entendement, elles sont les plus grands tourments, douleurs, tristesses et les quinze plus grandes malheuretés qui soient en terre. « L'auteur oppose le célibataire, heureux comme un poisson dans l'eau vive, au malheureux homme marié qui a perdu toute joie de vivre. Et comment s'est-il laissé prendre au piège ? Un jour, il a aperçu une « nasse borgne » où des poissons semblent s'ébattre à leur aise. Alors, il s'efforce d'y pénétrer à son tour afin de vivre en leur compagnie. Il parvient à trouver l'ouverture et s'introduit dans la nasse, mais n'en peut plus sortir. Le voilà captif à jamais et soumis à un servage de plus en plus rigoureux. Toute tentative de révolte est vouée à l'échec ; bientôt, victime résignée à ce triste sort, il s'endurcit « comme un vieil âne » qui ne sent plus l'aiguillon. Il vivra « en languissant » et « finira misérablement ses jours ». On juge par ces traits quel degré d'animosité contre les femmes l'auteur a pu atteindre.

Un moine, Guillaume Alexis, prieur de Bussy, est tout aussi violent dans le « Grand Blason des faulces amours ».

Toutefois, à la fin du xve siècle, Robert du Herlin tente un rôle de médiateur dans « l'Acort des mesdisans et bien disans », dédié à Anne de Bretagne. Un peu plus tard, Jean Marot, le père de Clément, écrit la « Vray-Disant Advocate des Dames » œuvre plus généreuse qu'originale.

Nous trouvons un éloge chaleureux de l'amour et des dames

sous la plume de Guillaume Coquillart dans les « Droits
nouveaux » et dans son « Blason des Armes et des Dames » :
        Dames font croître honnêteté,
        Dames font les cœurs réjouis ;
        Dames font aimer loyauté ;
        Dames font cruauté fuir.
Détail plutôt piquant : ces vers sont d'un ecclésiastique,
chanoine à Reims, sa ville natale.

Un autre hommage et des plus curieux est adressé aux
femmes par le sieur du Chesne qui, dans le précieux « Cabinet
des Dames » représente tant les beautés et parures du corps
que les perfections et atours spirituels de l'âme.

Mais avec la Renaissance, la controverse va changer
d'allure. Il ne s'agit plus d'exalter ou de dénigrer le sexe
féminin, mais d'examiner la situation de la femme et de juger
à la lumière de la raison s'il ne convient pas de l'améliorer.
Les humanistes vont s'employer à cette tâche.

Erasme, dans « Le Petit Sénat » donne la parole à une
femme éloquante, Cornélie qui dresse un tableau de toutes
les injustices dont sont victimes les femmes. Et, en présence
de ses amies, elle exprime un souhait bien modéré : « Qu'au
moins la mère ait le droit de suffrage quand il s'agit d'établir
ses enfants » !

Dans ses « Colloques », le célèbre humaniste ne dédaigne pas
de se pencher sur des questions qui pourraient sembler d'un
intérêt limité. Il s'insurge contre les impératifs d'une mode
qui comprime le corps des petites filles, de la tête paraissant
porter perruque jusqu'aux pieds chaussés de « bottines à
lourds talons, en cuir double, comme si elles étaient faites
en vue d'une lutte à coups de pieds. » Et il conclut sa
protestation par ce trait : « Si les mères trouvent là leur plaisir,
qu'elles affublent des poupées ou des singes, non leurs filles. »

Un autre humaniste, Henri-Corneille Agrippa, pour
complaire à Marguerite d'Autriche fait imprimer à Anvers un

livre rédigé en latin, puis traduit en français : « Déclamation de la Noblesse et préexcellence du sexe féminin. » Il s'indigne de la condition faite à la femme dans la société : « Agissant contre tout droit divin, violant impunément l'équité naturelle, la tyrannie de l'homme a privé la femme de la liberté qu'elle reçoit en naissant... Il y a là une injustice d'autant plus criante que la femme a une intelligence intuitive et que « par un privilège de nature, elle voit souvent plus juste que les philosophes et les savants. Elle a, de naissance, la parole facile, le don de l'éloquence. Il n'y en a guère de muettes », ajoute-t-il plaisamment. Alors, pourquoi lui refuser l'accès à des emplois auxquels elle serait propre ? On ne peut invoquer la raison pour justifier ces interdits qui ne se maintiennent que « par la force de l'habitude, par le hasard et principale-ment par la violence et l'oppression. »

De tels propos ont eu une portée qui se prolongera bien au-delà de son époque.

Des adversaires irréductibles se sont manifestés quelques années avant ce traité d'Agrippa d'une argumentation si solide. André Tiraqueau, lieutenant au bailliage de Fontenay-le-Comte avait publié en latin un ouvrage :« De legibus connubialibus » où il affirmait la nécessité d'accorder au mari les droits les plus étendus sur la femme. Il appuyait son opinion sur l'infériorité féminine dans tous les domaines, manifeste, évidente selon lui.

Mais une réplique à cet ouvrage paraîtra écrite en latin sous un titre grec. Elle est l'œuvre d'Amaury Bouchard, lieutenant-général du sénéchal de Saintonge au siège royal de Saint-Jean-d'Angély. Elle est précédée d'une lettre adressée à Tiraqueau par Pierre Amy, moine au couvent franciscain du Puy-Saint-Martin où se trouve également Rabelais. Piqué au vif, André Tiraqueau riposte au publiant une seconde édition de son livre.

Dans le même esprit que Tiraqueau, Gratien Dupont, seigneur de Deusac, lieutenant général de la sénéchaussée de

Toulouse, se charge de pousser un cri d'alarme contre le beau sexe dont il juge dangereuse l'influence grandissante. Sous le titre : « Controverse du sexe masculin et féminin », il publie un vaste poème en trois livres d'une grossièreté révoltante. Ennemi acharné d'Etienne Dolet, il persécute celui-ci qui le crible d'épigrammes et se fait le champion des dames. Quand Dolet doit quitter Toulouse, il laisse bien des regrets dans cette ville. Son ami Boyssonné lui écrit que les dames les plus nobles et les plus honorables de Toulouse le tiennent en grande faveur et gratitude d'une telle prise de position.

Puis, venues d'Italie, vont se répandre des doctrines nouvelles qui enseignent que la femme est sur terre l'objet le plus digne de nos respects parce qu'en elle « se reflète la beauté souveraine » inspiratrice d'un amour épuré dégagé des pensées vulgaires. Ce mysticisme sentimental n'est-il pas une protestation des âmes les plus fines contre les mœurs très libres surtout répandues dans la classe aristocratique ? Et Marguerite, par sa conversation et par ses écrits convertit à cet idéal les plus distingués de ses contemporains. Pour lui plaire, moralistes, romanciers et poètes s'emploient à propager ces nouveautés séduisantes. Héroët, un des plus chers familiers de la reine publie en 1542 la « parfaite amie », œuvre d'un mysticisme raffiné dont le cœur de Marguerite est tout réjoui. Et les dames entrent en lice alors que Christine de Pisan était bien isolée dans son siècle. Marguerite de Romieu, « pour prouver la valeur de son sexe, cite tant d'exemples qu'elle se lasse de les énumérer », écrit plaisamment Gustave Reynier dans l'évocation de la « Querelle des femmes », en préambule à son ouvrage : « La femme au xviie siècle ».

Louise Labé, quand elle ne se meurt pas d'amour, veut, par son exemple « inciter les femmes à passer ou égaler les hommes, non en beauté seulement, mais en science et en vertu ».

Nicole Estienne, de la célèbre dynastie des Estienne, ces imprimeurs humanistes, laisse un manuscrit que publiera son mari : « Apologie pour les femmes contre ceux qui en médisent ».

Hélisenne de Crenne publie les « Angoisses douloureuses qui procèdent d'Amours », autobiographie délicate, conception sincère qui introduit le roman sentimental dans notre littérature.

N'oublions pas Pernette du Guillet qui a écrit : « Rymes de gentil et vertueuse dame D. Pernette du Guillet, Lyonnaise », que fera publier après la mort de cette jeune femme de vingt-cinq ans, son veuf éploré.

C'est précisément Pernette que chante d'un amour idéal le chef de l'école lyonnaise, ce délicat Maurice Scève dans sa : « Délie, objet de plus haute vertu ».

Peu après la mort de Marguerite, paraîtront deux ouvrages très favorables aux femmes, l'un de Guillaume Postel, grand voyageur mystique à qui l'on doit : « Les très merveilleuses victoires des Femmes du Nouveau Monde et comment elles doivent à tout le monde par raison commander et même à ceux qui auront la Monarchie du Monde Vieil ». Selon lui, l'Eve nouvelle va régénérer le genre humain. Voilà qui console des éternelles malédictions lancées à travers les âges par de nombreux théologiens contre notre mère Eve, croqueuse de la fameuse pomme. C'était encore un sujet souvent abordé en Sorbonne. Un jour, un ami d'Erasme, de passage à Paris eut la curiosité d'assister à un débat sur le péché de la compagne d'Adam, et quelle surprise fut la sienne devant le déroulement de la discussion qui s'égarait quelque peu, le grief retenu contre Eve étant la manque de discernement : elle aurait dû manger une poire !

Le second livre est intitulé : « Le Fort inexpugnable de l'Honneur féminin ». Il est l'œuvre de François Billon, secrétaire, qui attaque avec force les anti-féministes. En effet, la « parfaite amie » d'Héroët qui avait tant plu à Marguerite avait connu un immense succès. On peut même dire que jamais peut-être, dans tout le cours du xvie siècle, une œuvre littéraire n'a réussi à causer pareille émotion.

Un poète poitevin, Jean Boiceau de la Borderie lui oppose un livre violent et parfois grossier : « L'Amye de Court », ce qui provoque la réaction du poète Charles Fontaine qui écrit la « Contre-Amye de Court »

Nous abordons maintenant le cas Rabelais. Il est généralement considéré comme ayant fait une profession de foi misogyne dans son « Tiers livre des faicts et dicts héroïques du bon Pantagruel ». Billon le lui reproche avec indignation. A Fontenay-le-Comte, Rabelais était très lié avec l'avocat Tiraqueau, ennemi des femmes, et les discussions sur la « querelle des femmes » alimentaient les conversations du petit cénacle de la localité. Voilà que Rabelais se manifeste à son tour dans son Tiers livre qui roule en grande partie sur la question du mariage de Panurge ; l'esprit est d'inspiration déplaisante pour les femmes, ce qui peut surprendre car c'est précisément le « Tiers livre » qui est dédié à Marguerite de Navarre, et en termes très élogieux. Mais il est certain que les propos du médecin Rondibilis sont plus que fâcheux : « Quand je dis femme, je dis un sexe si fragile, si variable, si changeant, si inconstant et si imparfait, que la nature me paraît (parlant en tout honneur et respect), quand elle a bâti la femme, s'être égarée de ce bon sens avec lequel elle a créé et formé toutes choses... » Par contre, le théologien Hippothadée donne à Panurge de sages conseils sur la façon dont Panurge doit se conduire envers sa compagne : « ... Vous l'entretiendrez dans l'amitié conjugale et persisterez dans votre sagesse, vous lui montrerez le bon exemple, vous vivrez pudiquement, chastement, vertueusement dans votre ménage, comme vous voulez que de son côté elle vive... »

213

Pourtant, dans son tableau d'une société idéale à l'abbaye de Thélème, où « Tout était fait selon la volonté des dames », ne rendait-il pas un hommage à l'égalité des sexes, voire même à la prééminence du sexe féminin ? Et le Premier livre de Pantagruel ne célébrait-il pas les progrès intellectuels des femmes et des filles qui avaient aspiré à cette louange et manne céleste de bonne doctrine ?

Alors ? Y avait-il chez lui flottement et incertitude sur cette question ? Faut-il penser comme Emile Telle que Rabelais s'est servi habilement de Panurge, « le bouffon de son épopée sur le mariage pour faire une satire sociale et amuser » ? Il s'agirait d'une attitude gauloise sans plus, exempte d'intervention polémique dans la fameuse « Querelle ». Mais la plupart des auteurs pensent que dans son « Tiers livres », au cours de la longue enquête de Panurge sur ses chances d'être heureux en ménage, il faut assez connaître son opinion sur les femme, dont on a dit spirituellement qu'elle est « celle qu'on pouvait attendre d'un médecin et d'un moine : ce n'est pas un madrigal ! ».

Cette Querelle qui se poursuivra sous sa forme littéraire au siècle suivant méritait de retenir notre attention, car elle avait rebondi avec la publication de « La parfaite amie » d'Hérœït, ouvrage inspiré par Marguerite qui trouvait dans ce livre l'illustration de ses conceptions idéalistes.

Si « l'écrivain, c'est l'homme... ou la femme », la reine de Navarre paraît dans ses œuvres telle que la révèle toute sa vie, une femme supérieure par l'intelligence, exquise par le cœur. Princesse de la Renaissance, âme de l'évangélisme, elle est bien de ce XVIe siècle si riche de promesses à son aurore. Mais elle le devance par sa large tolérance qui la rend chère à tous les esprits libres.

Notice sur la maison d'Albret et ses domaines

La maison d'Albret tire son origine du bourg de LABRIT, situé dans les Landes (actuel arrondissement de Mont-de-Marsan). Restés presque inconnus jusqu'au XIVe siècle, les seigneurs d'Albret se firent une réputation de routiers hardis et de pillards infatigables dès le début de la Guerre de Cent ans. On les voit, toujours en quête d'argent et d'aventures, vendre au plus offrant leur épée et leurs bandes gasconnes, se battre tantôt pour le roi d'Angleterre, tantôt pour le roi de France. Mais en 1368, le mariage d'Arnaud-Amanieu d'Albret avec Catherine de Bourbon, princesse royale française rallie la maison d'Albret à la politique de Charles V. Cette parenté avec le roi de France va accroître la puissance des seigneurs d'Albret qui deviennent des membres influents de la féodalité. En 1403, Charles Ier, sire d'Albret, sera honoré du titre de connétable. Cette famille atteindra son apogée sous Alain le Grand dont la longue carrière embrasse quatre règnes (Louis XI, Charles VIII, Louis XII, François Ier). Né vers 1440, il succède à son père en 1470 et meurt en 1522. Ses possessions correspondent à peu près aux départements actuels suivants : Lot-et-Garonne (où se trouve Nérac), Gironde, Landes, Gers.

Il a la joie de voir son fils aîné Jean III d'Albret épouser en 1484, Catherine de Foix, comtesse de Foix et reine de Navarre.

Le royaume de Navarre était à cheval sur les Pyrénées. La partie Nord, peu étendue (région de St-Jean-Pied-de-Port) était bornée au nord par le Béarn (capitale Pau) qui appartenait à la même famille. La partie située au sud des Pyrénées, très importante, avait pour capitale la ville de Pampelune. En 1284, Jeanne de Navarre épouse Philippe le Bel ; ce royaume est alors réuni à la couronne de France. Il en sera ainsi jusqu'en 1328. A cette date, le roi Louis X le Hutin meurt en laissant une fille : Jeanne qui, écartée du trône de France par la loi salique, garde la Navarre. Ce royaume passe successivement par héritage aux comtes d'Evreux (1329), à Jean II d'Aragon (1425), et enfin à la famille des comtes de Foix. C'est ainsi que sont réunis les États d'Albret et de Navarre par le mariage indiqué ci-dessus de Jean II d'Albret et de Catherine de Foix.

Mais en 1512, le roi Ferdinand d'Aragon s'empare de la région de Pampelune qu'il incorpore à la Castille. Le royaume de Navarre, réduit à la partie française, devient très petit. Jean III meurt en 1516, et sa femme le suit dans la tombe l'année suivante, de désespoir, dit-on, d'être ainsi dépossédée. Le vieux sire Alain le Grand leur survit jusqu'en 1522 ; son héritier est Henri d'Albret qui épouse Marguerite d'Angoulême veuve du duc d'Alençon cinq ans plus tard. Il a hérité de son grand-père les domaines d'Albret que nous connaissons, et de sa mère le comté de Foix (actuel département de l'Ariège) et le Béarn ainsi que la Navarre (actuel département des Pyrénées-Atlantiques).

Tels sont donc les domaines possédés par Henri d'Albret, roi de Navarre. On comprend que Marguerite réside à Pau ou à Nérac, et se plaise aussi à Mont-de-Marsan, dans les Landes. On comprend également qu'un si petit État soit un royaume, puisqu'il n'est que le vestige d'un territoire qui s'étendait jusqu'à l'Ebre. Et l'on s'explique l'attitude d'Henri d'Albret, s'obstinant à revendiquer ses biens, et sa rancune devant l'indifférence de François Ier, surtout préoccupé de ses chimères italiennes.

Henri d'Albret meurt en 1555, et trois ans plus tard, Henri II érigera l'ancienne seigneurie d'Albret en duché en faveur de Jeanne d'Albret et de son époux Antoine de Bourbon.

Leur fils Henri de Navarre devenu roi de France sous le nom d'Henri IV, à titre nominal (1589), puis effectif (1593), réunit ce duché au royaume en 1607. Et c'est seulement sous le règne de son fils Louis XIII que la Navarre sera annexée au royaume (1620).

Le supplice de Berquin
(extrait du « Journal d'un bourgeois de Paris »)

L'an 1529, le vendredy vingt-sixième avril, après Pasques, fut prononcée la sentence des commissaires de par le pape et le Roy contre Loys Berquin, escuier seigneur du lieu, qui se tenoit à Abbeville, en Picardie, au territoire et seigneurie de Rambuzes [1], qui est à Madame Marguerite des Flandres, et y avoit ses terres et possessions, qui estoient d'environ cinq cents livres par an, comme on dit, et néantmoins, il estoit natif de Passy, près Paris, lequel avoit esté constitué prisonnier à la Conciergerie du Palays, environ trois sepmaines devant Pasques, parce qu'il estoit luthérien, et n'estoit marié. Et faut noter que dès l'an 1526, au mois de janvier, iceluy Berquin fut envoié quérir prisonnier par un huissier de la cour, nommé de Mailly, qui l'alla quérir à Abbeville, ou ès environs où il estoit, en ses terres, et l'amena prisonnier en la Conciergerie, à Paris, à cause que le bruict couroit qu'il estoit luthérien et qu'il avoit faict plusieurs livres, et avoir esté autrefois reprins par la cour pour iceluy meffect de luthérien ; mais il fut mis hors, à cause que ma dicte dame la Régente, mère du Roy, en avoit escrit à la cour pour sa délivrance, et évocqua la cause au grand conseil du Roy, qui en voulust avoir la congnoissance pour le saulver. Parquoy il lui fut envoié par la dicte cour, chargé du cas, tellement que par les commissaires ordonnez par la dicte cour, il estoit déclaré hérétique et luthérien. Néantmoins quelque temps après, il fut par le dict grand conseil eslargi sans estre absoulz du cas. Depuis, il s'estoit retiré en son païs de Picardie où il persévéra encores en son maulvais propos, comme dict est. Et environ huict jours après que le dict huissier fut envoié par la cour au dict lieu d'Abbeville et ès environs pour informer de la vie d'iceluy Berquin, ce qu'il fist et en rapporta à la dicte cour son enqueste qu'il en fist. Depuis luy fut faict son procès par les juges qui lui furent ordonnez par la dicte cour, qui estoient gens d'église et docteurs tant de l'université que d'ailleurs. Et

1. Rambures, à 12 km d'Abbeville.

parce qu'ilz estoient juges d'église, ilz ne le pouvoient condamner à mourir. A cette cause iceulx juges le rendirent à icelle cour, pour en faire justice, et le déclarèrent hérétique et luthérien. Parquoy, quelque temps après, il fut bruict que la dicte cour le voiloit faire mourir, mais ma dicte dame la Régente manda à la cour qu'on surcéât l'execution jusques à la venue du Roy, pour lors prisonnier en Espaigne. Et depuis le Roy estant à Baïonne, manda à la dicte cour qu'on ne le fist mourir et qu'on le gardast tant qu'il fut à Paris. Et le Roy retourné, il le saulva, et le print madame d'Allançon, royne de Navarre à cause de son mary, en son service. Parquoy Dieu le voulut punir, luy fist enfler le cœur ; car luy estant à pleine délivrance, dit et maintint que les dictz juges luy avoient faict tort et les menassa. Si les mist en procès en la cour de Parlement, disant qu'il en vouloit avoir réparation, et depuis sollicita très asprement en la dicte cour de parlement contre eulx. Tellement qu'il fut ordonné par le pape et le Roy douze juges, dont il en print six telz qu'il voulut, et d'iceulx juges estoient le premier président, nommé de Selva, le quart [2] président nommé Pailot, monsieur Bourgeois, conseiller. Et se joignit l'université contre luy, et monsieur Bedla, docteur, sollicitoit pour l'université. Et un jour en sollicitant le procès, comme si c'eust été matière civile, le dict Berquin menaça l'un des dictz juges qui estoit conseiller allant au Palais, nommé. Lequel, après ce faict en parla à la cour. Pourquoy il fut constitué prisonnier en la Conciergerie, et néantmoins il alloit et venoit par le préau d'icelle, comme s'il n'eust esté prisonnier que pour matière civile, et dit-on qu'un jour il offroit à la cour bailler deux cens escus pour l'expédition de son procès, disant que la cour estoit par trop longue pour l'expédition d'iceluy.

Or, advint-il une chose qu'on estimoit lors miraculeuse ; que ce pendant iceluy procès, il avoit un sien serviteur qui alloit et venoit pour ses affaires, auquel il bailla quelques lettres missives addressantes à quelque sien ami famillier, auquel par icelles lettres luy escrivoit, entre autres choses, qu'il print quelques livres qu'il avoit en sa chambre, où il se tenoit à Paris, à... [3] et qu'il les bruslast, car il doubtoit que s'ilz estoient veuz par la dicte cour que son cas luy en prendroit gros mal, ainsy falloit-il donc qu'il les estimast très mauvois. Lors le dict serviteur les print et s'en alla pour les porter, et pour ce faire passa par dessus le pont au Change. Et luy estant devant l'ymage de Nostre-Dame qu'on appelle la belle ymage qui est une maison sur le dict pont du costé du pont Nostre-Dame il luy print une deffaillance de cœur et une malladie, dont il tomba à terre, comme pasmé. Parquoy les voisins et autres plusieurs luy furent à secours, et fut prins et secouru d'un chacun. Et furent trouvées icelles lettres entre ses mains, lesquelles furent leües de plusieurs, et après furent portées et baillées à un jacobin, docteur, homme de bien, qui disnoit en la paroisse de Sainct-Barthélemy,

2. Quatrième.
3. Le nom est resté en blanc dans le manuscrit.

en la maison de quelque parrossien, qui lui donna ce jour à disner, parce qu'il preschoit le caresme en l'église de Sainct-Barthélemy. Et après, iceluy Jacobin les bailla à monsieur Béda, docteur, lequel Béda après les bailla à la Cour. Et néantmoins le dict serviteur ne mourut pas de ceste maladie. La cour aiant veu les lettres, peu de temps après fut le dict Berquin reserré et mis en une tour tellement qu'il n'alloit plus ne venoit par le préau, comme il souloit auparavant. Et depuis par grande diligence fut procédé par les dictz commissaires à son procès. Tellement qu'à ce dict jour de vendredy, seiziesme avril 1529, après Pasques, la sentence luy fut prononcée, qui estoit en latin ; par laquelle il fut condamné à faire amende honnorable, la teste nue, une toche de cire ardante en la main, au parquet civil de parlement et à la pierre de marbre, qui est en la grande cour du Palays, criant à Dieu mercy, au Roy et à justice, de l'offence par luy commise d'avoir tenu la secte de Luther, et des maulvais livres par luy faictz contre la majesté de Dieu, et de sa glorieuse mère, et néantmoins il ne fut baillé ès mains des bourreaux. Puis après d'estre mené la teste nue à pied en la place de Grève, auquel lieu, en sa présence, furent ses livres bruslez, et à faire amende honnorable, puis mené devant la grande église Nostre-Dame, où il feroit aussi amende honnorable à Dieu et à la glorieuse Vierge, sa mère, et de là estre mené ès prison de monsieur de Paris, et estre enfermé entre deux murs de pierre, pour y estre toute sa vie. Et défence de non jamais luy bailler livre pour lire, ne ancre ne plume pour escrire. Et ILLICO il en appella. A ceste cause furent mandez les archers et arbalestiers et bacquebutiers de la ville, et le lieutenant-criminel nommé Maillard, avec le commissaire du Chastelet, pour exécuter la dicte sentence. Dont ledict lieutenant après disner venu à la Conciergerie avec sesdictz archers et arbalestiers, commissaires et autres gens, s'adressa audict Berquin pour le prendre et le mener exécuter la dicte sentence. Lequel Berquin luy dit et déclara, qu'il s'en portoit pour appelant d'icelle sentence. Au moien de quoy, ce mesme jour, tout cessa et demeurèrent toutes ces choses imparfaictes ; et le grand nombre de peuple qui estoit au palays et parmy la ville, attendant le voir, se despartist, pour le bruit qu'il fut qu'il en avoit appelé. Or est-il ainsy que ledict jour, vers le soir le premier président le sçachant, assembla la cour de parlement pour y pourvoir, et après ce faict, il alla vers ledict Berquin à la Conciergerie et luy demanda s'il vouloit percister en son appel, lequel luy respondit que ouy. Lors ledict président luy bailla quelque minute contenant son dict appel et les causes d'iceluy en luy disant qu'il convenoit qu'il le signast, s'il vouloit percister, ce qu'il fist volontiers. Le lendemain, ledict premier président parla à la cour et retourna vers ledict Berquin encores sçavoir s'il vouloit percister en son appel, qui luy respondist derechef qu'ouy. Parquoy ladicte cour s'assembla et tint conseil ce jour, et la matière fut mise sur le bureau. Finalement, fut par icelle conclut et arresté qu'il mourroit. Parquoy ce dict jour de samedy matin, dix-septième avril 1529, heure de neuf à dix heures fut condamné à mourir et estre bruslé vif en la place de Grève, à Paris, et avant sa mort, en sa présence, seroient ses livres brulsez au dict lieu : ce qui fut faict, et expédié ce mesme jour en grande diligence, afin qu'il ne fût recouru du Roy ne de madame la Régente, qui estoit lors à Bloys : car il avoit esté baillé dès le matin par la cour ès mains du lieutenant criminel et des bourreaux, pour faire l'exécution : lequel incontinent après disner, accompagné des archers, arbalestiers et autres ministres de justice, le menèrent au dict lieu de Grève où fut le dict arrest en grande diligence exécuté entièrement, comme dict est. Le dict Berquin avait environ cinquante ans et portoit ordinairement robbe de veloux, satin et damas, et choses [4] d'or, et estoit de noble lignée et moult grand clerc, expert en science et subtil, mais néantmoins il faillit en son sens touteffois il mourut repentant [5].

4. Chausses.
5. Voir l'article sur Berquin dans : « La France protestante » de Haag.

Bonaventure des Périers à l'île-Barbe

L'île-Barbe est située au milieu de la Saône, en venant de Mâcon, à deux kilomètres au-dessus de Lyon, entre Cuires et Saint-Rambert. Là, se trouvait un monastère dédié en apparence à Saint-Martin, mais en fait à Bacchus. Les moines de l'île-Barbe, tous nobles, vivaient aussi agréablement que ceux de Thélème dont Rabelais raconte la vie. Ils avaient grosse panse et jolies cellules dans lesquelles ils étaient parvenus à faire venir les eaux des collines de Saint-Cyr, de Saint-Didier et de Saint-Rambert. Ils possédaient un parc giboyeux et un potager plantureux. Rien ne manquait à leur bonheur, égayé par femmes et enfants...

Leur histoire nous est connue par un ouvrage publié à Lyon en 1665. L'auteur, Claude Le Laboureur, ancien prévôt de cette abbaye, a intitulé son livre : « Les Masures de l'abbaye royale de l'Isle-Barbe lès Lyon, ou Recueil historique de tout ce qui s'est fait de plus mémorable en cette église depuis sa fondation jusques à présent avec le catalogue de tous ses abbés. »

Nous apprenons par cet ouvrage combien les fêtes étaient fréquentes dans ce bienheureux couvent, soit religieuses, soit corporatives. Ainsi, la basoche allait princièrement chaque année, promener son roi au monastère, quelques jours après son couronnement.

Bonaventure des Périers a chanté sa ravissante promenade chez ces moines « par une belle journée de printemps », le 15 mai 1539. Tous les ans, le jour de l'Ascension, la célèbre abbaye célébrait en l'honneur de Saint-Martin, son patron, une fête magnifique à laquelle on conviait tous les pays d'alentour. Les frais de cette fête étaient généralement supportés par l'abbé. En 1539, le luxe fut poussé loin, grâce à « la main lorraine » qui dirigeait l'abbaye. Par cette expression, Bonaventure entend désigner le frère du premier duc de Guise, Jean, (1498-1550). Il atteignit les plus hautes fonctions ecclésiastiques (abbé de Cluny, de l'île-Barbe, évêque de Metz, cardinal).

221

MARGUERITE DE NAVARRE

Le poème de Bonaventure des Périers est trop long pour être reproduit dans sa totalité, mais nous citerons quelques strophes qui montrent que la plus parfaite érudition sait parfois se parer de grâce.
Du voyage de Lyon à Notre-Dame de l'Isle. 1539.

> Je ne doibs
> Et ne vouldrois,
> O du doulx payle quinzième
> Tant anobly,
> En oubly
> Mettre ta beauté supreme.
>
> Hamadryades,
> Dryades,
> Vous leurs joyeux oyseletz,
> Hymnides
> Et Néréides,
> Inventez chantz nouveletz,
>
> Pour m'ayder
> A recorder
> Cette joye solennelle
> Que reservez
> Et avez
> En cure perpetuelle.
>
> Distant la Saône
> Du Rhône
> Une lieue ou environ,
> Est l'isle,
> L'isle gentile,
> Dedans son moite giron ;
>
> Où l'enfant,
> Tant triumphant,
> Par sa mort trop plus qu'amère,
> A des autels
> Immortels
> Pour soy, sa Grand [1] et sa Mère.
> ....
> L'aube vermeille
> Réveille
> Du vert rosier les jettons ;
> Rosée

1. Grand famille

S'est jà posée
Autour des petits bouttons.

Le beau jour,
Adieu, séjour !
Demourez, vous et les vostres,
Pour en ce lieu
Dire à Dieu
Vos dizains et patenostres.

Les Lyonnoises
Bourgeoises
Prennent cotte et corcelet,
Huschées
Et resceillées
Par le doulx rossignolet.
. . . .

Que de gens
Mistes et gents !
Tous ceux ci s'en vont par Vaise,
Moult gracieux
Et joyeux ;
Dieu les maintienne en tel aise !
. . . .

Oyez vous
Ce bruyt tant doulx
Decliquer de la gorgette
Du geay mignot,
Du linot
Et de la frisque alloette,
. . . .

Chantons en une :
Fortune !
Doulce mémoire, à loysir ;
Et voire
Doulce memoire,
Avant ou pour un plaisir !

Papillons
Et oysillons
Voletant par la montaigne ;
Les tant follets
Aignelets
Sautelans en la campaigne ;
. . . .

Les poissons
Viennent aux sons

Des rebecs et espinettes,
Et, loing du fond
De l'eau, font
Petites gambedelettes.
. . . .
Chacun contemple
Ce temple,
Dont part la procession ;
Prière
Brefve et entière
Faisons icy d'affection.
. . . .
Ces vilettes
Seulettes
En leurs luysantz affiquets
Se mirent,
Et se désirent
Veoir conjointes en bouquets.
. . . .
La marguerite
Petite
Auprès de la grand' se tient ;
Et celle
Jenette belle
Souz le blanc lis croist et vient.
. . . .
O bienheurée
Serée,
Trop soudain à faire honneur
Et suyvre
Le jour, qui livre
Tant de liesse et bonheur !

Chronologie

16 février 1488 : contrat de mariage de Charles d'Angoulême et de Louise de Savoie.
6 décembre 1491 : Charles VIII épouse Anne de Bretagne.
15 avril 1492 : naissance de Marguerite d'Angoulême.
10 octobre 1492 : naissance du dauphin Charles-Orland.
12 septembre 1494 : naissance de François d'Angoulême.
6 décembre 1495 : mort du dauphin Charles-Orland.
1er janvier 1496 : mort du comte Charles d'Angoulême.
6 septembre 1496 : naissance du nouveau dauphin Charles (mort le 3 octobre suivant).
7 avril 1498 : mort de Charles VIII. Avènement de Louis XII.
17 décembre 1498 : annulation du mariage de Louis XII et de Jeanne de France, fille de Louis XI.
8 janvier 1499 : mariage de Louis XII et d'Anne de Bretagne.
15 octobre 1499 : naissance de Claude de France, fille de Louis XII.
21 janvier 1503 : la reine Anne accouche d'un fils mort-né.
2 décembre 1509 : mariage de Marguerite d'Angoulême avec le duc Charles d'Alençon.
25 octobre 1510 : naissance de Renée de France, fille de Louis XII, future duchesse de Ferrare.
25 janvier 1512 : la reine Anne accouche d'un fils mort-né.
9 janvier 1514 : mort d'Anne de Bretagne.
18 mai 1514 : mariage de François d'Angoulême avec Claude de France.
9 octobre 1514 : Louis XII épouse Marie d'Angleterre.
1er janvier 1515 : mort de Louis XII. Avènement de François Ier.
2 août 1515 : naissance de Louise de France (elle ne vivra que 2 ans).
13-14 septembre 1515 : victoire de Marignan.
23 octobre 1516 : naissance de Charlotte de France.
20 février 1518 : naissance du dauphin François.

7-14 juin 1520 : entrevue du camp du drap d'or.
31 mars 1519 : naissance de Henri, duc d'Orléans (futur Henri II).
1520 : naissance de Madeleine de France.
1521 : naissance de Charles, duc d'Angoulême.
5 juin 1523 : naissance de Marguerite de France (future duchesse de Savoie).
15 juillet 1524 : mort de Claude de France, reine de France et duchesse de Bretagne.
8 septembre 1524 : mort de Charlotte de France.
24 février 1525 : défaite de Pavie. Captivité de François I\ :sup:`er`.
11 avril 1525 : mort du duc d'Alençon, époux de Marguerite d'Angoulême.
14 janvier 1526 : traité de Madrid.
24 janvier 1527 : Marguerite, veuve du duc d'Alençon, épouse Henri d'Albret, roi de Navarre.
16 octobre 1528 : naissance de Jeanne d'Albret.
17 avril 1529 : exécution de Louis de Berquin.
3 août 1529 : traité de Cambrai (ou paix des Dames) signé entre Louise de Savoie et Marguerite d'Autriche.
7 juillet 1530 : François I\ :sup:`er` se remarie. Il épouse Eléonore, sœur de Charles-Quint.
15 juillet 1530 : naissance de Jean d'Albret (il meurt à Noël).
11 octobre 1530 : mort de Marguerite d'Autriche.
22 septembre 1531 : mort de Louise de Savoie.
28 octobre 1533 : mariage du duc d'Orléans Henri, avec Catherine de Médicis, nièce du pape Clément VII.
18 octobre 1534 : affaire des placards.
7 avril 1536 : discours de Charles-Quint à Rome.
10 août 1536 : mort du dauphin François. Le duc d'Orléans devient le nouveau dauphin ; et le duc d'Angoulême devient duc d'Orléans.
1\ :sup:`er` janvier 1537 : mariage de Madeleine de France avec le roi d'Écosse Jacques V (elle meurt peu après) 31 juillet 1537.
1537 : Charles-Quint envahit la Provence et la Picardie.
18 juin 1538 : trêve de Nice.
14 juillet 1538 : entrevue d'Aigues-Mortes entre Charles-Quint et François I\ :sup:`er`, en présence de Marguerite de Navarre.
novembre 1539-janvier 1540 : François I\ :sup:`er` autorise Charles-Quint à traverser la France pour châtier les Gantois révoltés.
16 juillet 1540 : contrat de mariage de Jeanne d'Albret et du duc de Clèves.
13 juin 1541 : cérémonie de ce mariage.
août 1542 : échec du siège de Perpignan par les Français.
7 septembre 1543 : le duc de Clèves vaincu par Charles-Quint fait sa soumission.
20 janvier 1544 : naissance du dauphin, fils d'Henri II.
10 septembre 1544 : mort de Clément Marot.
14 septembre 1544 : traité de Crespy entre François I\ :sup:`er` et Charles-Quint.

11 octobre 1544 : protestation de Marguerite contre le mariage de sa fille Jeanne d'Albret avec le duc de Clèves.

5 avril 1545 : renouvellement de cette protestation en vue d'une annulation par le pape.

15 novembre 1545 : annulation de ce mariage par le pape.

15 septembre 1545 : mort de Charles d'Orléans, fils cadet de François Ier.

avril 1545 : massacres de Mérindol et de Cabrières.

3 août 1546 : exécution d'Etienne Dolet.

31 mars 1547 : mort de François Ier.

20 octobre 1548 : Jeanne d'Albret épouse Antoine de Bourbon-Vendôme.

21 décembre 1549 : mort de Marguerite de Navarre.

Bibliographie

Ambrière (Francis) : Gouffier de Bonnivet, amiral de France. 1937.

Baur (Albert) : Maurice Scève et la Renaissance lyonnaise. 1906.

Benoit (Fernand) : publication et étude historique de « La tragédie de Cabrières » d'un auteur inconnu. Vianey (Joseph) a écrit l'étude littéraire 1927.

Bourgeois (Louis) : Quand la Cour de France vivait à Lyon (1494-1551). 1980.

Brantôme (Pierre de Bourdeille, abbé de) : Œuvres complètes. Édition Lalanne (Ludovic). XI volumes. 1864-1882.

Cellini (Benvenuto) : Mémoires. Traduction Leclanché (Léopold). 2 vol. 1919.

Crapelet (Georges, Adrien) : Robert Estienne, premier du nom. 1836.

Darmsteter (Veuve James, née Mary Robinson) : La reine de Navarre, Marguerite d'Angoulême. Traduction Mercieux (Pierre). 1900.

Decaux (Alain) : Histoire des Françaises. 2 volumes. 1972.

Decrue (Francis) : Anne de Montmorency, grand-maître et connétable de France à la Cour, aux armées et au Conseil du roi François Ier. 1885.

Du Bellay (Guillaume et Martin) : Mémoires. 4 volumes. 1905-1919.

Denieul-Cormier (Anne) : La France de la Renaissance. 1962.

Ennesch (Carmen) : La vie comblée de Vittoria Colonna. 1948.

Febvre (Lucien) : Le problème de l'incroyance au XVIe siècle ; Rabelais. 1942.

Febvre (Lucien) : Origène et Des Périers. 1942.

Febvre (Lucien) : Autour de l'Heptaméron. 1944.

Febvre (Lucien) : Au cœur religieux du XVIe siècle. 1957.

France (Anatole) : Monsieur Bergeret à Paris. 1948.

Gafferel (Paul) : Les massacres de Cabrières et de Mérindol en 1545. Revue historique. T.107. 1911.

Gascar (Pierre) : Les secrets de maître Bernard. 1980.

229

GAXOTTE (Pierre) : Histoire des Français. 2 volumes. 1951.

GÉNIN (François) : Lettres de Marguerite de Navarre. 2 volumes. 1841-1842.

HAUSSONVILLE (comtesse d') née Louise de Broglie : Marguerite de Valois, reine de Navarre. 1870.

HENRY-BORDEAUX (Paule) : Louise de Savoie régente et « roi » de France. 1954.

IMBERT DE SAINT-AMAND (Arthur-Léon), baron de : Les femmes de la cour des derniers Valois. 1870.

JOURDA (Pierre) : Marguerite d'Angoulême, duchesse d'Alençon, reine de Navarre. Thèse de doctorat. 2 volumes. 1930.

LA FERRIÈRE (comte Hector de) : Marguerite d'Angoulême sœur de François Ier. Son livre de dépenses (1540-1549). 1872.

LA FERRIÈRE (comte Hector de) : le XVIe siècle et les Valois. 1879.

LALANNE (Ludovic : Le Journal d'un bourgeois de Paris sous le règne de François Ier. (auteur inconnu).Édition Lalanne (Ludovic). 1854.

LARNAC (Jean) : Histoire de la littérature féminine en France. 1924.

LE BOTERF (Hervé) : Anne de Bretagne. 1976.

LEFRANC (Abel) : Marguerite de Navarre et le platonisme de la Renaissance. 1897.

LEFRANC (Abel) : Les idées religieuses de Marguerite de Navarre. 1898.

LEFRANC (Abel) : Grands écrivains français de la Renaissance. 1914.

LEFRANC (Abel) : La vie quotidienne au temps de la Renaissance. 1938. LENIENT (Charles) : La satire en France au XVIe siècle. 2 vol. 1866.

LEVIS-MIREPOIX (duc Antoine de) : La France de la Renaissance. 1947.

LEVIS-MIREPOIX (duc Antoine de) : François Ier. 1953.

MADARIAGA (Salvador de) : Portrait de Charles-Quint. 1969 (Collection : Le Mémorial des siècles).

MARGOLIN (Jean-Claude) : L'avènement des temps modernes. 1977.

MAULDE LA CLAVIÈRE (René-Alphonse-Marie) : Pierre de Rohan, duc de Nemours, dit le maréchal de Gié. 1885.

MAULDE LA CLAVIÈRE (René - Alphonse - Marie) : Louise de Savoie et François Ier ; trente ans de jeunesse (1485-1515). 1895.

MICHELET (Jules) : Le XVIe siècle. 2 volumes. 1966.

MIQUEL (Pierre) : Les guerres de religion. 1980.

NABONNE (Bernard de) : Les grandes heures de St-Germain-en-Laye. 1950.

OLHAGARAY (Pierre) : Histoire de Foix et de Béarn. 1609.

PEDRON (François) : Histoire d'Ambroise chirurgien du roi. 1980.

DU PORT, sieur des Rosiers (Jean) : La vie de très illustre et vertueux prince Jean, comte d'Angoulême. 1589.

REYNIER (Gustave) : Le roman sentimental avant l'Astrée. 1908.

REYNIER (Gustave) : Les origines du roman réaliste. 1912.

RITTER (Raymond) : Lettres de Marguerite de Navarre. 1927.

RITTER (Raymond) : Les Solitudes de Marguerite de Navarre (1527-1549). 1953.

230

RUBLE (baron Alphonse de) : Le mariage de Jeanne d'Albret. 1877.

RUUTZ-REES (Mlle Caroline) : Charles de Sainte-Marthe (1512-1555). Étude sur les premières années de la Renaissance française. 1919. Préface d'Abel Lefranc.

SABATIER (Robert) : Histoire de la poésie française. La poésie du XVI⁰ siècle. 1975.

SAINTE-MARTHE (Charles de) : Oraison funèbre de Marguerite de Navarre, écrite en latin et traduite par lui-même. 1550.

SCHMIDT (Charles) : Gérard Roussel, prédicateur de la reine de Navarre. 1845.

TELLE (Emile V.) : L'œuvre de Marguerite d'Angoulême, reine de Navarre et la querelle des femmes. 1937.

THÉNAUD (le père Jean) : Le voyage d'Outremer (Égypte, Mont Sinaï, Palestine), publié et annoté par C. Schefer. 1884.

TOESCA (Maurice) : Les grandes heures de Fontainebleau. 1957.

TOMMASEO (Niccolo) : Relations des ambassadeurs vénitiens sur les affaires de France au XVI⁰ siècle. 2 volumes. 1838.

VARENNES (Jean-Charles) : Anne de Bourbon, roi de France. 1978.

ZELLER (Gaston) : La Réforme. 1973.

Œuvres de Marguerite de Navarre
Editions modernes

Les Marguerites de la Marguerite des princesses.
Édition Frank (Félix). 4 volumes. 1873.

Les Dernières poésies de Marguerite de Navarre.
Introduction et notes d'Abel Lefranc. 1896.

Dialogue en forme de vision nocturne.
Publié par Pierre Jourda. 1926.

Épîtres et comédies inédites.
Publication Pierre Jourda. 1927.

La Coche. Texte de 1547, avec variantes.
Par Schneegans (Frédéric - Edouard). 1936.

L'Heptaméron.
Étude de Frédéric Dillaye. 1879.
Préface d'Anatole France.

L'Heptaméron.
Éditions Frank (Félix). 3 volumes. 1881.

Sommaire

L'impression de ce livre a été réalisée
sur les presses de MAURY-Imprimeur SA – France

Couverture réalisée par « Point-Virgule »
pour les Éditions du Sorbier
51, Rue Barrault – 75013 PARIS

Achevé d'imprimer le 2e trimestre 1981
N° d'édition : 17
N° d'impression : C81/9646
Dépot légal : 2e trimestre 1981